Maria M. Kettenring

Aromaküche

Den Freunden der Aromakultur gewidmet.

Impressum

3. erweiterte Neuauflage 1994

Umschlaggestaltung: Kuhn Grafik und Buchdesign, Zürich
Die Bildvorlage auf der Buchrückseite ist mit freundlicher Genehmigung des Burda-Verlages aus *Mein schöner Garten* entnommen.
Satz: Christian und Mathias Weitbrecht, Ravensburg / Sulzberg
Druck: Wilhelm Uhl, Grönenbach
Bindung: Franz Kraus, Kempten

ISBN 3-928554-04-2

Die hier vorliegenden Rezepte sind erprobt und geprüft. Autorin und Verlag übernehmen jedoch keine Haftung für Schäden, die durch den Gebrauch oder Mißbrauch der vorliegenden Rezepte entstehen sollten.

Maria M. Kettenring

Aromaküche

Gesund und phantasievoll Kochen mit ätherischen Ölen

Joy Verlag

INHALT

Vorwort

Die Aromaküche – damit verbindet sich ein Hauch von Originalität und eine Prise kulinarische Raffinesse. Auf der Suche nach den Geheimnissen aromatischer Essenzen stieß ich auf alte Rezepte kräuterkundiger Mönche, Drogisten und Alchemisten. Sie wußten um die Kunst, würzige, heilende Kräuterschnäpse zu brennen oder Liköre und Limonaden mit ätherischen Ölen anzusetzen. Tatsächlich hat das Würzen mit Naturaromen aus Kräutern, Gewürzen und Zitrusfrüchten Tradition. Diese Kenntnisse zogen mich und einen kleinen Freundeskreis Mitte der achtziger Jahre in ihren Bann. Wir hatten eine alte Kunst der Geschmacksveredelung wiederentdeckt. Sind Sie neugierig geworden? In den beiden Kapiteln „Eine Duftspur durch die Gewürzgeschichte“ und dem Kapitel „Eine Duftspur durch die Geschichte der edlen Geister“ finden Sie interessante geschichtliche Zusammenhänge zu diesem Thema.

Eine gute Küche lebt von den Zutaten und deren harmonischer Abrundung. Dafür steht uns in der Aromaküche eine reichhaltige Auswahl ätherischer Öle zur Verfügung, die seit der Zeit der Alchimisten auch die „Seele der Pflanzen“ genannt werden. In dem Kapitel „Wissenswertes über ätherische Öle“ finden Sie Hinweise und Informationen über Qualität und Gewinnungsverfahren, denn hochwertige ätherische Öle und Essenzen sind Voraussetzung für die Aromaküche. Diese Schätze der Natur bieten mit ihrer Aroma- und Würzkraft eine Ergänzung zu frischen Kräutern und eine gesunde Alternative zu synthetischen Aromastoffen.

Aromatisierte Lebensmittel sind heute selbstverständlich. Die Lebensmittelindustrie lockt mit immer raffinierteren „naturidentischen", das heißt synthetischen Aromastoffen. Unter Hunderten von Käsesorten, Fruchtjoghurts und Quarkspeisen sind es nur wenige, die keine synthetischen Geschmacksstoffe enthalten. Erstaunlich und erwähnenswert erscheint auch die Tatsache, daß bei Versuchen mit radioaktiv verstrahlten Pflanzen nach der Destillation keine radioaktive Strahlung im ätherischen Öl mehr festzustellen ist. Insbesondere gilt dies für sehr sorgfältig destillierte, hochwertige ätherische Öle, die nicht mit Lösungsmittel ausgezogen werden.

Interessante Zusammenhänge zwischen Geruchs- und Geschmackssinn finden Sie in dem Kapitel „Der Duft einer Speise bringt uns auf den Geschmack".

Das Kapitel „Würzen – kein Buch mit sieben Siegeln" enthält das Herzstück der Aromaküche. Hier wird die Herstellung der Würzöle und Würzölmischungen besprochen – die Bausteine für Ihren eigenen „mobilen Kräutergarten".

Der anschließende Rezeptteil ist gegenüber der zweiten Auflage um viele Rezepte erweitert und an einigen Stellen gekürzt worden; die Aromatisierung mit ätherischen Ölen wurde noch feiner abgestimmt. Im Anschluß können Sie Profiköchen in ihre Aromakochtöpfe schauen, einigen von Ihnen ist sicher aus der letzten Auflage der Sternekoch Reiner Fischer aus dem Restaurant „Villino" bekannt.

Auch stehen wir nicht alleine mit dieser Kochkunst. Für etliche Feinschmeckerrestaurants der französischen „Nouvelle Cuisine" ist es bereits Gang und Gebe, sich feinste Essenzen destillieren zu lassen. Vom Angelikawurzelöl bis zur Essenz des seltenen Trüffels bietet diese reichhaltige Palette für jeden Gaumen eine Überraschung.

Das ABC der Aromaküche finden Sie – auf einen Blick – auf dem eingelegten Plakat. Die ätherischen Öle sind mit ihrem lateinischen Namen und dem jeweiligen Gewinnungsverfahren aufgelistet und den entsprechenden Anwendungsbereichen zugeordnet. In der letzten Spalte finden Sie Empfehlungen, wie die ätherischen Öle untereinander und mit frischen Kräutern und Gewürzen kombiniert werden können.

Was Sie mitbringen sollten, um die Aromaküche zu entdecken, ist die Liebe für das Kochen, ein wenig Fingerspitzengefühl und Mut für Neues. Aromawürzen ist keine Kunst! Viel Freude beim Genießen.

Maria M. Kettenring
Goriki, im Juni 1994

Der Duft einer Speise bringt uns auf den Geschmack

„Die größte Weisheit verrät sich in der einfachen
und natürlichen Einrichtung der Dinge,
und man erkennt sie nicht,
eben weil alles so einfach und natürlich ist."
Johann Peter Hebel

„Versalzen Sie sich nicht das Leben, sondern geben Sie ihm mehr Aroma und Würze!" Denn gerade die Duft- und Geschmacksstoffe gelten zurecht als die "Vitamine des Gaumens", die unser Leben reichhaltiger und farbiger gestalten.

Duft- und Geschmackserlebnisse werden in einem Teil unseres Gehirns, dem Limbischen System, das unter anderem für unser Erinnerungsvermögen von großer Bedeutung ist, gespeichert. Ein köstlich duftendes Essen mit Freunden in angenehmer Atmosphäre oder ein festliches Mahl werden uns daher unvergeßlich bleiben.

Geruch und Geschmack stehen in unmittelbarer Beziehung zueinander. Das Tor zu den Geschmacksnerven ist die Nase. Der Duft, der die Nasenflügel streift, wirkt wie ein Startsignal, das die Verdauungssäfte zum Fließen bringt.

Appetitanregende Wohlgerüche lösen, einer Zauberformel gleich, das „Sesam öffne dich" aus, regen dadurch reflektorisch die Produktion von Speichelenzymen und des genau auf die Speise abgestimmten Magensafts an. Der Duft frisch gebackenen Kuchens oder aromatischen Essens läßt uns das Wasser im Munde zusammenlaufen. Wir riechen ein bestimmtes Aroma und glauben, es zu schmecken, da der Riechnerv bis in den Gaumen hinuntergeht. Das wußten bereits die alten Ägypter, reichten sie doch vor einem festlichen Mahl einen besonderen Aperitif, einen Duftbecher gefüllt mit aromatischen Kräutern und Essenzen, die als vorzügliche Appetitanreger die Verdauungssäfte stimulierten gemäß dem Motto „kein Essen ohne Wohlgeruch". Dies verdeutlicht, daß erst das Riechen einer Speise entscheidend für das Erleben der gesamten Geschmacksfülle und der wahren Gaumenfreude ist.

Aus den sechs primären Geruchsempfindungen würzig, harzig, brenzlig, blumig, fruchtig und faulig[1] lassen sich unzählige Mischgerüche ableiten. Der Geschmackssinn, der mit der Zunge wahrgenommen wird, reduziert sich hingegen auf die vier wesentlichen Grundrichtungen süß, salzig, sauer und bitter. Sie verleihen dem Menschen die Fähigkeit, Genießbares von Ungenießbarem zu unterscheiden. Andererseits kennt jeder den unangenehmen Zustand, während einer Erkältung nichts zu schmecken, und müssen wir eine bittere Medizin einnehmen, halten wir uns die Nase zu. Beißen Sie einmal mit zugehaltener Nase in einen Apfel und dann in eine Zwiebel! Sie werden erstaunt sein, wie gering der geschmackliche Unterschied ist.

Ein ausgeprägter Geschmackssinn steht in enger Verbindung mit Gesundheit und Vitalität: Er prüft, wählt aus, regt an, setzt Impulse für Neues, Reizvolles, Anregendes und bildet gleichzeitig die Grundlage für Phantasie, Vorstellungskraft und Kreativität, die weit über das eigentliche Essen und Genießen von Speisen hinausgeht.

Baustein des Küchen-Einmaleins ist die Kenntnis über die Unterschiede der vier Grundrichtungen des Geschmacks, fade und astringierend (zusammenziehend) noch dazuge-

[1] Geruchsprisma nach P. Jellinek

nommen. Erstaunlich ist, daß nur geringe Mengen aromatischer Substanzen ausreichen, um Geruchs- und Geschmacksempfindungen auszulösen. Wem das Wasser im Munde zusammenläuft, mobilisiert bereits gesundheitsfördernde Funktionen in seinem Körper. Starke Speichelabsonderung bedeutet auch reichliche Verdauungsfermente. Die Arbeit von Magen und Darm kann durch die ätherischen Öle entlastet werden, womit sich auch ihre wohltuende Wirkung erklärt.

In vier verschiedenen Bereichen der Zunge sind beim erwachsenen Menschen etwa dreitausend kleine Geschmackssinneszellen, die Geschmacksknospen, angeordnet.

□ Die Zungenspitze nimmt süß wahr (löst beim Säugling den Saugreflex aus)
| Der Zungenrand nimmt salzig wahr (löst die Empfindung von Lebenskraft aus)
○ Die Zungenflanke nimmt sauer wahr (erste Empfindung von Unreife)
× Das Zungenende nimmt bitter wahr (kann Würgegefühle auslösen, Schutzreflex vor giftigen Pflanzen)

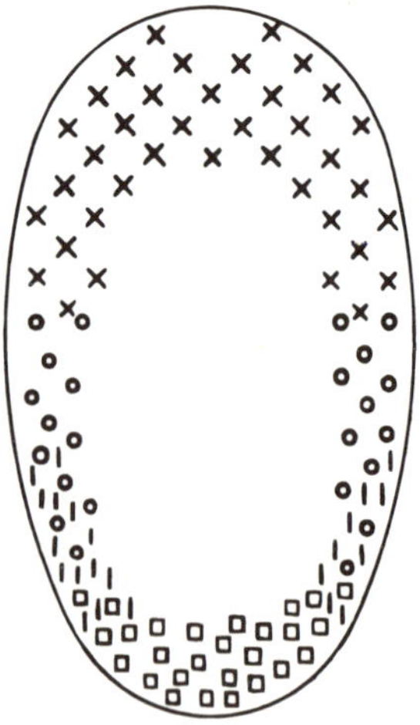

Die Verteilung der vier Geschmacksqualitäten auf der Zungenoberfläche (nach Tomita H. und W. Pascher)

Beim Geschmack, worunter auch persönliche Vorlieben zu verstehen sind, verlassen wir uns instinktiv auf unser Gespür. Nur wenn wir „Geschmack" an unserem Gegenüber finden, können wir ein Essen genießen. Dies zeigt sich auch bei Geschäftsessen, die oft Grundlage wichtiger Entscheidungen sind. Das Faszinierendste am Geschmackssinn ist der Zusammenhang zwischen sensorischem (sinnlichen) Empfinden und der allgemeinen Urteilskraft eines Menschen. Friedrich Nietzsche bemerkte dazu treffend und feinsinnig: „Ein scharfes Herausschmecken und Erkennen, ein bedeutendes Unterscheiden also, macht die eigentümliche Kunst des Philosophen aus." Die vier Geschmacksrichtungen, die unsere Zunge tatsächlich unterscheidet, können daher auch im übertragenen Sinn gesehen werden, so kann das Gewähren süß, die Mühe sauer, die Absicht versalzen und der Verzicht bitter sein.

Natürlich ist auch das Auge beim Abschmecken und Zubereiten einer Speise dabei. Rote Schokolade oder blaue Äpfel würden wir wahrscheinlich als ungesund und wenig wohlschmeckend einschätzen, wohingegen der Anblick grünen Salats oder gelber Paprika ein völlig anderes Bild hervorrufen kann.

Wir beurteilen Speisen also mit dem Geruch, den Augen und dem Geschmack. Bereits der Duft einer Speise bewirkt eine gewisse Vorsättigung, der Anblick eines schön arrangierten Salattellers kann das „Pfützchen auf der Zunge" entstehen lassen. Aber erst das Schmecken läßt uns den Charakter der Speise erkennen. Das lateinische Wort sapere wird sowohl mit schmecken als auch mit erkennen, verstehen und wissen übersetzt. Geschmack ist demnach einer unserer wesentlichsten Sinne, um etwas zu verinnerlichen. Mit dem „Einverleiben" erfassen wir erst richtig den vollen Geschmack einer Speise. Testesser und Parfümeure haben daher eine eigene Terminologie entwickelt, um ihre Wahrnehmungen beschreiben zu können.

Finden auch Sie beim Lesen und Zubereiten der Rezepte ihre eigenen Aromabilder und Termini und lassen Sie sich den Duft auf der Zunge zergehen!

Würzen in der Aroma-küche – kein Buch mit sieben Siegeln

„Der Wille zum Genuß ist im Menschen so ausgeprägt, daß er ständig bemüht ist, die geschmackliche Perfektion letztendlich über das Würzen zu erreichen."
Brillat Savarin, französischer Feinschmecker des letzten Jahrhunderts

Kochen gehört heute zu einem gesunden Lebensgefühl und wird sogar als ein Mittel zur Streßbewältigung, als respektables Hobby angesehen. Der Trend der neunziger Jahre geht zur „cuisine individuell" (Cosmopolitan) und „cuisine naturelle", wie es Anton Mosimann, ein bekannter Londoner Sternekoch, ausdrückt. Die Erhaltung der Nährstoffe stets im Blick, wird fettarmes Kochen favorisiert und mit einem Flair von Originalität und Abwechslung garniert. Die Aromaküche mit ihren ätherischen Ölen und Würzölen setzt genau an diesen Bedürfnissen an.

Lange Zeit waren Kräuter und Gewürze zu unrecht auf das Niveau reiner „Geschmacksverstärker" gesunken. Der richtige Umgang mit Kräutern, Gewürzen und Würzölen verbessert allerdings nicht nur den Geschmack der Speisen, sondern dient der Gesundheit in vielfältiger Weise. Insbesondere die reinen ätherischen Öle mit ihrer Vielzahl an Inhaltsstoffen wirken sekretionsfördernd oder -hemmend, desinfizierend, wassertreibend und durchblutungsfördernd, wie beispielsweise Thymian, Lorbeer, Fenchel, Melisse, Minze und Basilikum. Das Sättigungsgefühl kann früher und nachhaltiger eintreten, weil das ausgewogene Aroma mehr Reize setzt.

Karl der Große beschreibt die Bedeutung der Gewürze mit trefflichen Worten:
„Sie sind der Freund der Heilbeflissenen und der Preis der Köche."

Abkürzungen für die Anwendung im Rezeptteil

TL	Teelöffel
EL	Eßlöffel
cl	Centiliter
ml	Milliliter
l	Liter
g	Gramm
kg	Kilogramm
Min.	Minute(n)

Herstellung von Würzölen, Würzölmischungen, aromatisierten Salzen, Tamaris, Sirupen und Honigen

Für die fettlöslichen, nicht wasserlöslichen ätherischen Öle sind geeignete Emulgatoren wie die nativen, das heißt naturbelassenen Öle (Sonnenblumen-, Sesam-, Distel-, Haselnuß- oder Olivenöl) notwendig. Diese Öle enthalten ungesättigte essentielle Fette, die für unsere vitalstoffreiche Ernährung wichtig und eine ideale Basis für die Würzölherstellung sind.

Die Rezepte in diesem Buch beziehen sich auf 50 ml Basisöl mit 5 Tropfen ätherischem Öl emulgiert.

Zwei einfache Beispiele sollen Ihnen zeigen, wie Sie selbst Ihre Würzöle herstellen können, die in den Rezepten teelöffel- und eßlöffelweise angewandt werden.

Dill-Würzöl

50 ml Sonnenblumenöl	mit
5 Tropfen Dillessenz	emulgieren.

Füllen Sie 50 ml Sonnenblumenöl in eine geeignete Flasche und träufeln Sie 5 Tropfen Dillessenz hinein. Durch das Schütteln der Flasche vermischen sich die beiden Öle miteinander.

Basilikum-Würzöl

50 ml Olivenöl	mit
5 – 7 Tropfen Basilikumessenz	emulgieren.

Sie können den Anteil der ätherischen Öle in den Würzölrezepten auf maximal 10 Tropfen in 50 ml Basisöl erhöhen, vor allem, wenn Sie mehr Zitrusöle verwenden, wie an den unten aufgeführten Würzölmischungen ersichtlich ist. Entsprechend Ihrer Kochleidenschaft und -erfahrung stellen Sie sich so Ihren individuellen „mobilen Kräutergarten" zusammen.

Würzölmischungen für den Rezeptteil

Capri-Würzölmischung

50 ml Haselnußöl	mit
5 Tropfen Orangenessenz	und
3 Tropfen Zitronenessenz	emulgieren.

Würzölmischung für Müslis, süßen Grieß, Desserts oder feine Salatsaucen.

O-sole-mio-Würzölmischung

50 ml Olivenöl	mit
2 – 3 Tropfen Zitronenthymianessenz	
1 – 2 Tropfen Rosmarinessenz	und
5 – 7 Tropfen Clementinenessenz	emulgieren.

Geeignet für die italienische Küche: Nudeln, Pasta, Sugo, Salate, Suppen; sollte in keinem Haushalt fehlen.

Pizza-Würzölmischung

50 ml Olivenöl	mit
2 – 3 Tropfen Majoranessenz	
1 – 2 Tropfen Oreganoessenz	und
2 Tropfen Zitronenessenz	emulgieren.

Paßt gut zu Pizza und Pizzabrot; zum Bepinseln von Quicheböden geeignet.

Dill & Co.-Würzölmischung

50 ml Sonnenblumenöl	mit
2 Tropfen Dillessenz	
1 Tropfen Estragonessenz	
1 Tropfen Melissenessenz	und
1 – 2 Tropfen Grüne Pfefferessenz	emulgieren.

Diese Mischung kann leicht mit anderen ätherischen Ölen und frischen, gut abgetupften Kräutern wie Petersilie variiert werden; ideal für die heimische Küche.

Rosmarin-Thymian-Würzölmischung

50 ml Olivenöl	mit
3 Tropfen Rosmarinessenz	und
2 – 3 Tropfen Thymianessenz	emulgieren.

Gut zur Verdauungsförderung von fetten Speisen, Eintöpfen, Suppen, Aufläufen und Fleischgerichten.

Provençal-Würzölmischung

50 ml Sonnenblumen- oder Olivenöl mit	
2 Tropfen Lavendelessenz	
1 – 2 Tropfen Muskatellersalbeiessenz	
1 Tropfen Thymianessenz	
1 Tropfen Oreganoessenz	und
1 Tropfen Korianderessenz	emulgieren.

Wunderbar geeignet für die französische Küche, für Salatdressings, Suppen oder zum Bepinseln von Gemüsegratins und gegrilltem Fleisch.

Euro-Asia-Würzölmischung

50 ml Sonnenblumenöl	mit
2 Tropfen Ingweressenz	
1 – 2 Tropfen Limettenessenz	
1 Tropfen Bayessenz oder Korianderessenz	
1 Tropfen Grüne Pfefferessenz	und
1 Tropfen Lemongrassessenz	emulgieren.

Sehr gut für die Küche Asiens; ideal, um die europäische Küche mit einem Hauch asiatischem Flair zu versehen.
Aromatisierte Salze und aromatisiertes Tamari sind eine ideale Ergänzung Ihrer Kochkunst und verleihen den Speisen Pfiff:

Muskatellersalbei-Salz

10 Tropfen Muskatellersalbeiessenz	in ein Schraubglas träufeln und dieses drehen, damit die Glaswand benetzt wird.
100 g Salz	in das Glas füllen und

	kräftig schütteln. Das Salz in dem Glas fünf Tage stehen lassen und immer wieder schütteln.

Muskatellersalbeisalz eignet sich zum Nachwürzen von Saucen und Dips. Fleischgerichte (Kalb, Rind) erst nach dem Braten salzen, damit das Fleisch nicht zäh wird.

Orangen-Lemongrass-Salz

6 Tropfen Orangenessenz	und
2 – 3 Tropfen Lemongrassessenz	in ein Schraubglas träufeln und dieses drehen, damit die Glaswand benetzt wird.
100 g Salz	in das Glas füllen und kräftig schütteln. Das Salz in dem Glas fünf Tage stehen lassen und immer wieder schütteln.

Orangen-Lemongrass-Salz eignet sich für Saucen, Dips, Fleischgerichte, Salate und Gemüse.
Als Geschenk können Sie die Gläser noch dekorativer gestalten, indem Sie eine ungespritzte Orange mit dem Zesteur abziehen und getrocknet in das aromatische Salz unterheben. Die Salze können bei Tisch zum Nachwürzen angeboten werden.

Ingwer-Koriander-Tamari

100 ml Tamari (Sojasauce)	mit
5 Tropfen Ingweressenz	und
3 Tropfen Korianderessenz	emulgieren.

Bay-Nelken-Tamari

100 ml Tamari (Sojasauce)	mit
4 Tropfen Bayessenz	
3 Tropfen grüne Pfefferessenz	und
1 Tropfen Nelkenessenz	emulgieren.

Aromatisierte Tamaris sind ein sehr guter Salzersatz und eignen sich hervorragend für die asiatische Küche. Rührgebratenes Gemüse, Bambus und Sprossen im Wok, Reis, Nudeln und Tofu lassen sich damit aromatisieren. In Beizen für Tofu ist Tamari eine ideale Aromamarinade. Direkt in der Flasche auf den Tisch serviert, sind Tamaris erstklassig zum Nachwürzen.

Eine weitere Variante, Gerichten und Getränken einen brillanten Geschmack zu verleihen, bieten aromatisierte Sirupe und Honige:

Clementine-Mandarine-Orangensirup

50 ml Ahornsirup und
50 ml Akazienhonig (oder nur Akazienhonig) vermischen.

	Mit
5 Tropfen Clementinenessenz	
3 Tropfen Mandarinenessenz	und
3 Tropfen Orangenessenz	emulgieren.

Ideal zum Süßen von Früchtetees und -punsch, Limonaden, Sekt, Desserts, Müslis.

Minz-Limonenhonig

100 ml Akazienhonig	mit
7 Tropfen Zitronenessenz	
3 Tropfen Grapefruitessenz	
1 Tropfen Orangenessenz	und
1 - 2 Tropfen Minzessenz	emulgieren.

Erfrischend in Sommerdrinks, für Eiswürfel und gekühlte Desserts.

Melissen-Ingwersirup

50 ml Ahornsirup mit
50 ml Akazienhonig (oder nur Akazienhonig) vermischen.

7 Tropfen Ingweressenz	mit
2 Tropfen Melissenessenz	
1 Tropfen Grüne Pfefferessenz	
1 Tropfen Vanilleessenz	und
1 Tropfen Grapefruitessenz	emulgieren.

Geeignet für Nachspeisen, Tees, Gebäck, Aufstriche.

Kakao-Kokos-Limettensirup

100 ml Akazienhonig	mit
100 g Kokosflocken	innig vermischen.

	Mit
7 Tropfen Kakaoessenz	
5 Tropfen Vanilleessenz	und
10 Tropfen Limettenessenz	kräftig emulgieren.

Passend zu exotischen, sommerlichen Desserts, Parfaits, Drinks – sehr ausgefallen!

Ahornsirup Tropical

100 ml Ahornsirup	mit
5 Tropfen Vanilleessenz	
3 Tropfen Kakaoessenz	
1 Tropfen Cardamomessenz	
1 Tropfen Ingweressenz	und
5 Tropfen Limettenessenz	emulgieren.

Ersatzweise kann diese Mischung auch mit anderen Zitrusölen wie Grapefruit, Mandarine oder Orange angesetzt werden. Paßt gut für Drinks, Desserts und aromatisierte Eiswürfel.

Tips und Tricks für die praktische Anwendung in der Aromaküche

In schönen Fläschchen aus Grünglas abgefüllt sehen die Würzöle, Würzölmischungen, Salze, Tamaris, Sirupe und Honige sehr dekorativ aus. Frische Kräuter, die sorgfältig gewaschen und gut mit Küchenkrepp abgetupft sind, und julienne geschnittene Zitrusschalen von ungespritzten Früchten und Beeren oder Stücke von Rinde verstärken zusätzlich das Aroma.

Entsprechend der Füllmenge können Sie die Rezepturen verändern. Die Mischungen sind etwa zwei bis drei Monate nach Anbrechen der Flasche haltbar. Sirupe und Honige sind weniger verderblich und können deshalb in größeren Mengen hergestellt werden.

Verwendet werden die Mischungen teelöffel- und eßlöffelweise zum Abrunden von Gerichten, es sei denn, in der Rezeptur ist es anders vermerkt. Achten Sie jedoch darauf, daß ätherische Öle im Gegensatz zu den Mischungen nur tropfenweise angewandt werden dürfen!

Wenn Sie frische Kräuter für Ihre Gerichte verwenden, können Sie diesen noch einen Schuß Zitrusfrische verleihen, indem Sie das Schneidebrett mit 1 bis 2 Tropfen Zitrus- oder Kräuteröl bestreichen – ein Extra-Pfiff mit wunderbarem Aroma. Ebenso ist das Abpinseln mit aromatisierter Butter von gegartem, Gemüse, Kartoffeln, Quiches, Pizzaböden ein beliebter Kniff in der feinen Aromaküche, dies geht auch mit Würzölen und -mischungen.

Würzen mit Fingerspitzengefühl ist das A und O der Aromaküche, der oberste Grundsatz heißt „weniger ist mehr". Ätherische Öle sind reine Aromastoffe in höchst konzentrierter Form, ein Tropfen Rosenöl enthält beispielsweise 30 Blüten. Sie sollten deshalb behutsam dosieren, da bereits ein Tropfen ein Gericht nachhaltig duftreich und aromastark verfeinert. Zu frischen Kräutern sind ätherische Öle eine ideale Ergänzung und wirken synergistisch (aufeinander aufbauend, vermehrend). Das bedeutet, daß wir von beiden Zutaten weniger benötigen und dennoch einen runderen und harmonischeren Geschmack erreichen können. Dies ist eines der entscheidenden Geheimnisse in der Aromaküche!

„Die Seele liebt in allen Dingen das diskrete Maß. Wann auch immer der Körper des Menschen ohne Diskretion ißt und trinkt oder etwas anderes dieser Art verrichtet, werden die Kräfte der Seele verletzt ... In allen Dingen soll sich der Mensch selbst das rechte Maß auferlegen."
Hildegard von Bingen

Die Komposition eines Gerichts ist mit der eines edlen Parfüms zu vergleichen. Ebenso wie der Parfümeur das richtige Zusammenspiel der Düfte für eine Mischung kennt, wird auch ein guter Koch die feinen Zutaten und Gewürze für sein Gericht zusammenstellen und abstimmen. Auf dem eingelegten Plakat finden Sie Symbole für Kopf-, Herz- und Basisnoten, wie sie aus dem Bereich der Parfümerie bekannt sind. Sie ermöglichen Ihnen ein harmonisches Mischen dieser drei Komponenten auf übersichtliche Weise.

Aromagaren, Aromadünsten und aromatisches Rührbraten im Wok

Aromagaren und Aromadünsten ist der Clou in der Aromaküche. Sie brauchen dazu einen Wassertopf, auf den Sie einen Bambussteamer (Dämpfer) setzen können. Oder Sie verwenden einfach einen Dampftopf mit einem gelöcherten Einsatz, arbeiten dabei allerdings ohne Dampfdruck. In den unteren Teil des Topfes kommen ca. ½ – 1 l Wasser, je nach Gemüsemenge. In den letzten 2 bis 5 Minuten des Kochvorgangs träufeln Sie reine ätherische Öle wie Fenchel, Ingwer, Majoran, Koriander oder Lemongrass einzeln oder bereits gemischt direkt in das köchelnde Wasser. So können beispielsweise Gemüse, Fisch oder Teigwaren wunderbar von dem duftenden Wasserdampf schonend aromagegart und gedünstet werden.

In der traditionellen asiatischen Küche werden im Wok Gemüse aller Art, Sprossen, Fisch, Fleisch, Reis und Nudeln unter Rühren mit Holzlöffeln angebraten. Seit die euro-asiatische Kochkunst bei uns mehr und mehr bekannt wird, ist schonendes Rührbraten im Wok längst kein Geheimnis mehr und nimmt an Beliebtheit zu. Für diese Kochtechnik eignen sich ausgesprochen die aromatisierten Tamaris (Sojasaucen) und Würzöle. Während des letzten Rührvorgangs werden Sie tee- und eßlöffelweise zugegeben.

Emulgatoren in der Aromaküche

Als Emulgatoren, die in der Aromaküche sowohl für Süßes als auch Salziges möglich sind, eignen sich:
alle Arten von fetten Ölen wie Oliven-, Sonnenblumen-, Haselnuß- und Distelöl,
Butter,
Eigelb,
griechischer Joghurt,
Sahne / saure Sahne,
Nußmuse (alle Arten),
Avocado (eher salzig),
Alkohol / Weingeist 96 % Vol.,
Korn und Schnaps,
Joghurt (nur mit elektrischem Mixer emulgieren).

Emulgatoren für Salziges:
Essig / Weinessig,
Salz,
Tamari (Sojasauce),
Mayonnaise,
Senf.

Emulgatoren für Süßes:
fette Milch,
Honig (vorzugsweise Akazienhonig),
Ahornsirup,
Vollrohrzucker,
Melasse und Malz (alle Arten; auf den starken Eigengeschmack achten).

Wissenswertes über ätherische Öle

Ätherische Öle sind die Duft- und Aromastoffe einer Pflanze. Sie kommen in den Wurzeln, Stengeln, Blättern, Blüten, Früchten und Samen in konzentrierter Form vor. Kontrolliert biologischer Anbau und pflanzengerechter Standort der Kultur- oder Wildpflanzen sind wichtige Voraussetzungen für die Gewinnung eines hochwertigen ätherischen Öls mit reichhaltiger Inhaltsstoffpalette. Diese bildet die Grundlage ausgeprägter Geschmacks- und Geruchsfülle und wird dadurch auch zur idealen Voraussetzung verdauungsfördernder Prozesse.

Die Art der Gewinnung hundert Prozent reiner ätherischer Öle hängt davon ab, in welchem Pflanzenteil sich das ätherische Öl befindet. Die gebräuchlichste Methode zur Gewinnung der reinen Pflanzendestillate ist die Wasserdampfdestillation. Sie erfordert ein hohes Maß an Können und Erfahrung, um beste Qualität zu erzielen. Zerkleinertes Pflanzenmaterial wird in einem Destillationsgefäß (Alambic) auf einen Rost geschichtet. Der durchgeleitete Wasserdampf löst das ätherische Öl – auch Essenz genannt – aus dem Pflanzengut. Mit dem Abkühlen des Wasserdampfs trennen sich das ätherische Öl wieder vom Wasser und wird im „Florentinertopf" aufgefangen. Dabei schwimmt in der Regel das kostbare ätherische Öl, das meistens leichter als Wasser ist, auf der Wasseroberfläche und kann abgeschöpft werden. Das Wasser selbst nimmt dabei einen kleinen Teil von Duft- und

Aromastoffen auf und wird zum Hydrolat (beispielsweise Rosen-, Orangenblüten-, Lavendel- oder Minzwasser; diese Wässer sind bekannt aus der südlichen Küche wie Türkei, Marokko und Indien). Unter Berücksichtigung dieser Faktoren bleiben wichtige Inhaltsstoffe der Pflanzen weitgehend erhalten.

Die Aromen der Zitrusfrüchte (zum Beispiel Orange, Grapefruit, Mandarine) befinden sich in der Fruchtschale und werden durch Kaltpressung, der sogenannten Expression, gewonnen. Nach dem Waschen, Halbieren und Entsaften der Früchte werden die zerkleinerten Fruchtschalen kalt gepreßt. Wichtig dabei ist ein schonendes Verfahren ohne zugeführte Hitze, um so die wertvollen Bestandteile, Inhaltsstoffe und vor allem die Vitamine zu erhalten. Durch Zentrifugieren trennt sich schließlich die Essenz aus dem Öl-Wasser-Gemisch. Die Zitrusöle werden korrekterweise Essenzen genannt.

Einige besondere Aromen (wie Vanille oder Kakao) werden durch Extraktion mit Trinkalkohol gewonnen. Das Honigöl extrahiert man mit Weingeist aus den Bienenwaben, es hat dadurch einen eher propolisartigen (bienenwabenartigen) Geschmack.

Alle übrigen kostbaren Blütenöle, gewonnen durch chemische Lösungsmittel, werden in der Aromaküche nicht verwendet!

Bitte achten Sie beim Einkauf von ätherischen Ölen und Essenzen darauf, daß sie nach den oben genannten Verfahren gewonnen wurden und hundert Prozent rein sind. Die vielen Billigöle, die mittlerweile überall erhältlich sind, werden meistens mit Hilfe chemischer Lösungsmittel, zum Beispiel Hexan, ausgezogen und sind für die Aromaküche nicht geeignet.

Vom Gebrauch sogenannter naturidentischer Öle – synthetisch hergestellte Öle sowie Mischöle, eine Kombination aus synthetischen und natürlichen Ölen – ist wegen ihrer gesundheitsschädigenden Wirkung dringend abzuraten.

Hundert Prozent reine Öle sind häufig etwas teurer, der Preisunterschied zahlt sich aber in jeder Hinsicht aus. Sie finden diese qualitativ hochwertigen ätherischen Öle in Naturkostgeschäften, Reformhäusern und speziellen Duftläden (mit reinen ätherischen Ölen). Firmen wie „Primavera life" bieten sogar eine ausgesuchte Palette an bereits fertigen Würzölen und Würzessenzen von bester Qualität an.

Eine Duftspur durch die Gewürzgeschichte

Von der Altsteinzeit bis Kaiser Nero

Die duftende, aromatische Spur der Kräuter, Gewürze, Beeren und Früchte führt bis in die Altsteinzeit zurück. Zur Geschmacksverbesserung des damals wahrscheinlich noch roh verzehrten Wildfleischs wurden Blätter und Früchte verwendet. Vermutlich ist die Beigabe von Aromaten älter als die Entdeckung des Feuers.

Die ältesten Schriften, in denen Kräuter erwähnt werden, sind um 4000 v. Chr. bei den Chinesen, Phoeniziern, Babyloniern, Indern und Ägyptern zu finden. Die Sumerer in Mesopotamien meiselten Angaben über Kräuter wie Lorbeer, Thymian und Kümmel auf kleine Tontäfelchen. In China wurden bereits 3000 v. Chr. Sternanis, Muskat, Nelken und Zimt verwendet, wie einer Sammlung von Kräuter- und Arzneivorschriften aus dieser Zeit zu entnehmen ist. Der Beginn der *Aromaküche* könnte allerdings noch weiter zurückliegen, da die Chinesen schon länger Kenntnisse über die Destillation von Kräutern hatten, um mit den daraus gewonnenen ätherischen Ölen alkoholische Getränke zu konservieren.

Der babylonische König Merodoch-Baladan hinterließ 700 v. Chr. die erste Nutzgartenkunde der Welt mit Beschreibungen und Anbauvorschriften für Gewürze und Kräuter.

Im Hohen Lied Salomons, dem König von Babylon, findet die Freude über den Duft der Gewürze in poetischen Versen ihren Ausdruck:

„Steh auf Nordwind und komm Südwind,
und ziehe durch meine Gärten,
daß der Duft ihrer Gewürze ströme."
Salomon, Kap. 4, Vers 16
„Du bist gewachsen wie ein Lustgarten von Granatäpfeln mit edlen Früchten, Zyperblumen mit Narde."
Salomon, Kap. 4, Vers 13

Die sagenumwobene Königin von Saba verhalf Salomon zu einem unvergleichlichen Reichtum, indem sie ihn mit Gewürzen und anderen Schätzen überhäufte. Ihr Land „Felix Arabia" (glückliches Arabien), das heutige Jemen, wurde durch die Verbindung zwischen Saba und König Salomon und dem daraus entstandenen blühenden Handel mit Gewürzen weit über seine Grenzen hinaus berühmt.

400 v. Chr. brach die große Zeit der Kräutigerheilkundigen bei den Griechen und Römern an. Bekannte Namen sind Hippokrates, Plinius, Galenos und Dioskurides, die in ihren Werken insgesamt 600 Pflanzen genau analysierten und beschrieben. *In der Schriftensammlung „Corpus Hippocraticum" ist zu lesen: „Eure Nahrung sollen Heilmittel und eure Heilmittel sollen Nahrung sein."* Dies konnte sich für so manchen Leibkoch existentiell auswirken – und nicht für den Leibarzt –, der zum Tode verurteilt wurde, wenn sein König oder Fürst schwer erkrankte.

Das Wissen, daß zwischen Heilung und Nahrung ein enger Zusammenhang besteht, machten sich auch unsere Großmütter zunutze, indem sie dem Brotteig verdauungsfördernde Gewürze wie Anis, Fenchel, Kümmel und Koriander beimengten oder ihren ganzen Ehrgeiz in die Herstellung einer guten Suppengrundlage, der „Chu" (Kraftbrühe), hineinlegten.

In den Küchen der Griechen wurden beispielsweise Kürbis mit Lorbeer und Kümmel, Suppen mit Salbei, Minze, Koriander und Thymian verfeinert. Der Granatapfel galt als Apfel des Paris, die „goldenen Äpfel der Hesperiden" waren die Quitten, aus denen griechische Hausfrauen mit Honig,

Wein und Konfitüren herstellten. Bevorzugtes Gewürz antiker Liebesgetränke war Koriander, und Olivenöl war den Griechen selbstverständlich, schließlich hatte Pallas Athene der Sage nach den Athenern den Ölbaum geschenkt.

Nach und nach entwickelte sich Rom zur Hochburg der feinen Tischsitten und des „kultivierten Schmausens". Mit den Philosophen, Dichtern und Rednern kamen die Kochkünstler in diese Stadt, und um Christi Geburt entstand eine Hochblüte der Feinschmeckerei. Wohlgerüche durchwehten die Speisesäle; nach jedem Gang legten Diener neues Tafelgeschirr auf und reichten Schalen, gefüllt mit Rosen- und Duftwässern, in denen die Hände gewaschen wurden.

Eine große Bereicherung erfuhr die römische Küche durch die Pflanzungen von armenischen Aprikosen, persischen Pfirsichen und Kirschen in den Nutzgärten. In dieser Zeit der Fülle und des Luxus entstand das erste bekannte Kochbuch *„De arte coquinaria"* (Die Kochkunst). Als Autor wird Apicius, ein über seine Zeit hinaus bekannter Feinschmekker unter Kaiser Tiberius, angesehen. Die Rezeptesammlung bestand aus 12 Bänden und beschrieb unter anderem die Konservierung von Nahrungsmitteln und die Herstellung gewürzter Weine, wie Veilchen- und Rosenwein (siehe Rezeptteil). *Brillat Savarin, ein großer französischer Feinschmecker des letzten Jahrhunderts, schrieb dazu: „In folge jenes Hanges zur Übertreibung ... bemühte man sich, die Weine würziger und aromatischer zu machen und versetzte sie mit Essenzen, Gewürzen und mannigfachen Arzneistoffen."*

Eines der Lieblingsgerichte Kaiser Neros war der Rosenpudding. Mit der Beigabe von ein bis zwei Eßlöffeln Rosenwasser können Sie selbst einen einfachen Vanillepudding verzaubern. Apicius bereitete aus Minze, Pfeffer, Pinienkernen, Rosinen, Möhren, Honig, Moschus, Wein, Essig und Olivenöl eine süß-saure Soße. Das „ova melitta" (honiggetränktes Ei) war die Urform des Omelettes.

Sind Sie neugierig geworden und wollen diese ausgefallene Aroma- und Geschmacksspur der Römer kennenlernen?

In Trier haben Sie die Möglichkeit, in einem römischen Spezialitätenrestaurant (Adresse siehe Anhang) zu speisen, das nach Originalrezepten von Apicius kocht. Eine kulinarische Reise in die Vergangenheit ist Ihnen sicher.

Suppen

Suppen

Traditionell wird in der französischen Küche die Suppe als erster Gang serviert. Selbst gegenüber den appetitanregenden Vorspeisen nimmt sie eine solche Vorrangstellung ein, daß häufig in den ländlichen Gebieten das Abendessen nach ihr benannt ist – *le souper*. Auch in der herkömmlichen chinesischen Medizin und Kochkunst gelten Suppen als gesunder und gelungener Anfang eines ausgewogenen Menüs.

Servieren Sie ganz nach Ihrem Geschmack – die Suppe kann durchaus eine Mahlzeit ersetzen!

Zwei leichte Suppen für die Fünf-Minuten-Küche

Zitronenschaumsuppe

1 l Gemüsebrühe	aufkochen.
5 Tropfen Zitronenessenz	
2 Tropfen Clementinenessenz	und
1 Tropfen Muskatessenz	in
200 ml Sahne	emulgieren und mit dem Schneebesen kurz an

schlagen. Die Sahne soll nicht steif werden.

Die aufgekochte Gemüsebrühe von der Herdplatte nehmen und die Sahne unterziehen.
In Suppentassen füllen und mit abgezogener Zitronenschale oder einem Minzblatt garnieren.

Zuppa di Mentha – Suppe von Minzschaum

1 l Gemüsebrühe	aufkochen.
2 TL Pfeffer-Würzöl 3 – 5 Tropfen Minzessenz 200 ml Sahne	und in emulgieren und mit dem Schneebesen kurz an schlagen. Die Sahne soll nicht steif werden.

Die aufgekochte Gemüsebrühe von der Herdplatte nehmen und die Sahne unterziehen.
In Suppentassen füllen und mit einem Minzblatt garnieren.

An den heißen Tagen ist der Durst größer als der Hunger; die Lust auf leichte Küche steigt, die Lust aufs Kochen hingegen sinkt. Wunderbar erfrischend wirken gekühlte Früchtesuppen.

Gekühlte oder geeiste Nektarinen-Melonensuppe

1 reife Galia- oder Honigmelone	halbieren und entkernen. Das Fruchtfleisch im Mixer pürieren.
4 reife Nektarinen	waschen, in Scheiben schneiden und mit der Melone im Mixer pürieren.
1 Orange	entsaften und den Saft mit den Melonen und Nektarinen im Mixer pürieren.
2 Tropfen Minzessenz 2 Tropfen Grüne Pfefferessenz 1 TL Akazienhonig etwas Salz	und in emulgieren, in die Masse unterziehen und mit abschmecken.

Die Suppe 20 Min. im Kühlfach kühlen oder 40 Min. im Gefrierfach aneisen. In gekühlten Tellern oder angeeisten Glasschalen anrichten. Mit jeweils ein oder zwei Minzblättern garnieren.

Melonen-Grapefruit-Kaltschale

Sommersuppe on the Rocks

2 kleine Honigmelonen	halbieren, entkernen und in dünne Halbmonde schneiden.
2 Grapefruits	filetieren.

4 tiefe Teller mit den Melonenmonden rosettenartig garnieren. In die Mitte die Grapefruitfilets legen.

5 Tropfen Grapefruitessenz	
2 Tropfen Vanilleessenz	und
1 Tropfen Grüne Pfefferessenz	in
0,5 l trockenem Weißwein	emulgieren.

Den aromatisierten Wein über die Früchte gießen, so daß sie vollständig bedeckt sind. Mit einem frischen Minzblatt garnieren. Vor dem Servieren eine Stunde kühlen.
Sie können, um die Kühlzeit zu verkürzen, ein Viertel des aromatisierten Weins in Eiswürfelbehältern im Tiefkühlfach gefrieren und den Rest des Weins im Kühlschrank kühlen. Kurz vor dem Servieren werden die Eiswürfel auf die bereits arrangierten Teller verteilt.

Gekühlte Hühnerconsommé

100 g Sellerieknolle (wahlweise auch 100 g Petersilienwurzel)

100 g Lauch	und
100 g Möhren	in kleine, gleichgroße Würfel schneiden.
1 l Hühnerbrühe	entfetten, das Gemüse darin 2 Min. garen.

Das Gemüse in Eiswasser kurz abschrecken und abtropfen. Die Brühe durch Einköcheln auf ein Drittel reduzieren.

5 Blatt Gelatine (oder 5 TL Pfeilwurzelmehl) in Wasser vorweichen und in der Brühe lösen.

3 Tropfen Grüne Pfefferessenz
1 Tropfen Korianderessenz und
1 Tropfen Bayessenz in
2 cl Sherry medium oder dry emulgieren, in die Brühe unterziehen und mit
Salz abschmecken.

Sobald die Brühe geliert, das Gemüse dazugeben.

2 TL frische Kräuter (wie Petersilie und Kresse) hacken.

Ein bis zwei Stunden kühlen, in Portionsschalen füllen und mit den Kräutern servieren.

Suppenfreuden

Minestrone

1 kg Gemüse (wie Möhren, Kartoffeln, Zucchini, Erbsen, Bohnen) und
1 große Zwiebel kleinschneiden.

5 Tomaten überbrühen, enthäuten und kleinschneiden.

4 EL Olivenöl
1 TL Basilikum-Würzöl
1 TL Oregano-Würzöl und
1 TL Dill & Co.-Würzölmischung (S. 19) in einem Suppentopf kurz erhitzen, Zwiebel, Möhren und Zucchini darin leicht anbraten,

	mit
¾ l Gemüsebrühe	aufgießen und das übrige Gemüse hineingeben. 15 Min. bei schwacher Hitze ziehen lassen.

Pürierte Bay-Majoran-Karottensuppe

1 Pfund Karotten 1 l Gemüsebrühe	kleinschneiden und in weichkochen oder aromagaren.

Gemüsebrühe durchsieben, Karottenstücke im Mixer oder mit dem Rührgerät pürieren. Anschließend die Masse wieder in die Gemüsebrühe einrühren.

3 EL Sahne 1 EL Hefeflocken 1 TL Bay-Würzöl	und
1 TL Majoran-Würzöl	kräftig vermischen und in die Suppe einrühren.

3 Min. bei schwacher Hitze ziehen lassen.

Karottenpüreesuppe mit Limettenhühnerbruststreifen

½ Zwiebel	julienne schneiden und in
50 g Butter	hell anschwitzen.
300 g Karotten	schälen und raspeln, zu den Zwiebeln geben und 5 Min. mitziehen lassen. Die Masse mit

30 g Dinkelmehl 1,2 l entfettetem Geflügelfond	bestäuben, mit auffüllen und 20 Min. leicht köcheln lassen.
150 g gekochte Hühnerbrust	2 cm julienne schneiden und in sechs vorgewärmte Suppentassen aufteilen.
6 Tropfen Limettenessenz 3 Tropfen Grüne Pfefferessenz (oder 1 TL Pfeffer-Würzöl) 1 Tropfen Ingweressenz 0,2 l Sahne 1 kräftigen Prise Meersalz	 und in emulgieren. Die aromatisierte Sahne in die Suppe einrühren und mit abschmecken.
6 EL Sahne	steifschlagen.
2 TL Petersilie	hacken.

Die Suppe auf sechs Suppentassen verteilen, mit feingehackter Petersilie bestreuen und jeweils einem Eßlöffel Sahnehaube servieren.

Pürierte Kartoffelsuppe in gewürzter Gesellschaft

½ Pfund Kartoffeln 1 l Gemüsebrühe	schälen, kleinschneiden und in weichkochen.
1 große Zwiebel etwas Öl	kleinschneiden, mit anschwitzen und zu der Flüssigkeit geben.
2 EL Sahne 1 EL Hefeflocken	

1 TL Majoran-Würzöl 1 TL Rosmarin-Thymian-Würzölmischung (S. 19) 1 TL Muskat-Würzöl 1 TL Lorbeer-Würzöl	 und kräftig vermengen und in die Suppe einrühren. 5 Min. ziehen lassen, und vor dem Servieren
3 EL Sauerrahm	mit dem Schneebesen einrühren.

Avocadocremesuppe

¾ l Gemüsebrühe 2 Avocados	aufkochen. von Kern und Schale befreien und im Mixer pürieren.
250 g Sauerrahm 1 TL Estragon-Würzöl 2 Tropfen Orangenessenz 1 Tropfen Grüne Pfefferessenz Saft ½ Zitrone 1 Prise Meersalz	 und mit den Avocados im Mixer pürieren.

In die Gemüsebrühe rühren und bei schwacher Hitze 5 Min. lang quellen lassen, nicht mehr aufkochen.

1 TL frische Kräuter	hacken und damit garnieren.

Tomatensuppe „Palermo"

1 kg Tomaten	überbrühen, enthäuten und würfeln.
1 Kartoffel	schälen und kleinwürfeln.
2 Zwiebeln	kleinhacken.
½ Tasse Olivenöl	im Suppentopf erhitzen, die vorbereiteten Zutaten kurz darin andünsten und unter Zugabe von etwas Wasser 15 Min. lang einkochen lassen.
1 EL Oregano-Würzöl 1 TL Liebstöckl-Würzöl 1 TL Basilikum -Würzöl 1 l Gemüsebrühe	 und hineinrühren. Mit ablöschen.
3 Scheiben Weißbrot	in Würfel schneiden und in der Pfanne rösten.
Meersalz Pfeffer 2 TL frische Kräuter	und zum Abschmecken. hacken und mit den Weißbrotwürfeln auf die Suppe geben.

Kräftige Grünkernsuppe – für kalte Tage

250 g Grünkernschrot	in der Pfanne rösten.
1 Zwiebel	kleinschneiden, andünsten und mit dem Grünkernschrot in der
dreifachen Menge Gemüsebrühe	weichkochen.
1 TL Basilikum-Würzöl	
1 TL Estragon-Würzöl	und
1 EL Hefeflocken	in
200 g Sauerrahm	vermengen und in die Suppe einrühren. 15 Min. lang ziehen lassen.
1 EL Sesam	rösten und damit die Suppe garnieren.

Linsensuppe Euro-Asiatisch

3 Stangen Bleichsellerie	und
5 mittelgroße Möhren	in dicke Scheiben schneiden.
1 große Zwiebel	vierteln. Das Gemüse in
1 l Wasser	10 Min. bißfest kochen.

Sellerie und Zwiebeln entfernen, Möhren durch ein Sieb passieren und der Brühe wieder dazugeben.

1 Zwiebel	hacken,
3 feingewiegte Schalotten	und
2 zerdrückte Knoblauchzehen	in
2 EL Butter	anschwitzen, mit
1 Lorbeerblatt	und
1 Tasse helle Linsen	mit Wasser bedecken und 6 Stunden quellen lassen. In die Gemüse-

	brühe geben. 30 - 40 Min. köcheln lassen und eventuell ab und zu etwas Wasser nachgießen.
1 Zitrone	entsaften,
2 TL Euro-Asia-Würzölmischung (S. 20)	
1 TL Sellerie-Würzöl	und
1 TL Lorbeer-Würzöl	in die Suppe einrühren.

Die Suppe mit frischem Basilikum garnieren.

Sellerierindfleischsuppe à la Hildegardis

500 g mageres Rindfleisch	
1 Bund Suppengemüse	und
1 ganze Zwiebel	in
1 l Gemüsebrühe	kurz aufkochen, dann leicht köchelnd in 1,5 bis 2 Stunden weichkochen.
2 mittelgroße Knollen Sellerie	dünn schälen, in feine Scheibchen schneiden und in der Brühe garkochen.
2 Tropfen Galgantessenz	in
1 EL Dill & Co.-Würzölmischung (S. 19)	emulgieren und in die Suppe einrühren.
Salz	und
Pfeffer	zum Abschmecken.
1 EL frische Küchenkräuter (wie Petersilie und Schnittlauch)	hacken.

Das Fleisch in kleine Scheibchen schneiden und zusammen mit den Selleriescheibchen und den Kräutern in gewärmten Suppenschalen servieren.

Suppe für Festtage

Möhrensuppe mit Rosenbutter

500 g Möhren	in Scheiben schneiden.
2 EL Butter	zerlassen, Möhren darin anschwitzen und mit
1½ l kräftiger Gemüsebrühe	auffüllen. Etwa 20 – 30 Min. leicht köcheln lassen.

Mit dem Pürierstab sämig schlagen, aufkochen und vom Herd nehmen.

250 g saure Sahne	unterziehen.
2 EL Butter	zerlassen, von der Flamme ziehen.
1 Tropfen Karottensamenessenz 3 – 5 Tropfen Rosenöl	und mit der abgekühlten Butter vermischen. Die Butter in die Suppe einrühren. Mit
Salz Pfeffer	und abschmecken.
6 EL Sahne	steif schlagen.

Mit ungespritzten Rosenblättern (Centifolia) und Sahnehäubchen garnieren.

Vorspeisen – Antipasti

Vorspeisen – Antipasti

Beim Essen ist der „gelungene Start" wichtig, denn gerade die Vorspeisen stimmen auf den Hauptgang ein, stillen den ersten Hunger und sorgen für die richtige Atmosphäre bei Tisch. So sind Vorspeisen und Antipasti der Anfang jedes italienischen Essens mit Charakter und Stil, ein Muß für sommerliche Gerichte, eine Augenweide fürs Buffet. Für den kleinen Hunger und für jedes Picknick haben Vorspeisen genau das richtige Maß.

Verschiedene gedünstete Gemüse wie Bohnen, Karotten, Zucchini, Blumenkohl oder Broccoli eignen sich in einer entsprechenden Marinade sehr gut als Vorspeisen:

Marinade für Antipasti (Vorspeisen)

2 Tassen milden Weinessig oder trockenen Weißwein
1/2 Tasse Olivenöl
1 TL Lorbeer-Würzöl
1 TL Thymian-Rosmarin-Würzölmischung (S. 19)
1 TL Estragon-Würzöl
1 zerdrückte Knoblauchzehe (wahlweise) und
frische gehackte Kräuter

zu einer Marinade verrühren, über das vorbereitete Gemüse geben.

Eignet sich sehr gut zu geraspelten oder in Streifen geschnittenem Gemüse – den Crudités –, Rohkostplatten oder eingelegten getrockneten Tomaten.

Avocado-Möhren-Cocktail

1 Avocado	entkernen und in kleine Stücke schneiden.
3 Möhren 1 Fenchelknolle	und raspeln.
1 TL Sojasauce (Tamari) 1 – 2 Tropfen Grüne Pfefferessenz 1 TL Muskat-Würzöl 1 TL Basilikum-Würzöl	vermengen und unter die übrigen Zutaten mischen, in Cocktail-Gläser füllen.
1 Möhre	in Streifen schneiden und den Cocktail damit garnieren.

Marinierte Koriander-Möhren

500 g junge Möhren	schälen oder kräftig bürsten und in Scheiben schneiden.
100 ml Gemüsebrühe 2 EL Weinessig	mit aufkochen und darin ca. 3 Minuten die Möhren dünsten.
1 TL Akazienhonig	mit

3 Tropfen Korianderessenz 2 Tropfen Orangenessenz	und emulgieren und im Sud 3 Min. mitdünsten und erkalten lassen.
3 EL Olivenöl	und

2 EL Petersilie-Würzöl oder wahlweise 2 EL O-sole-mio-Würzölmischung (S. 18) untermischen. Mit 2 EL gehacktem Petersiliekraut oder frisch geschnittenem Korianderkraut zum Bestreuen servieren.

Minz-Sorbet mit Melone

200 g Honig (Akazienhonig) 500 ml Wasser	in auflösen und 2 Minuten leicht köcheln lassen. Das Honigwasser 2 - 3 Minuten abkühlen lassen.
5 Tropfen Zitronenessenz 1 TL Honig	mit emulgieren. Den Honig in das abgekühlte Honigwasser einrühren.
½ Handvoll frische Minzblätter Saft 1 Zitrone	grob hacken und zusammen mit dem in eine Schüssel geben.
1 TL Ahornsirup oder Honig 1 – 2 Tropfen Minzessenz 1 Topfen Korianderessenz	mit emulgieren, unterziehen und mit den Minzblättern vermengen. Das abgekühlte Honigwasser dazugeben.

Die Sorbetmasse 2 – 3 Stunden im Tiefkühler einfrieren, bis sie anfängt, fest zu werden. Für den Limetteneischnee:

2 Eiweiße	steifschlagen.
1 TL Ahornsirup oder Honig	mit
2 Tropfen Limettenessenz	emulgieren und vorsichtig unter den Eischnee ziehen.
6 große Minzblätter	mit dem vorbereiteten Limetteneischnee bepinseln (Vorder- und Rückseite), danach entweder trocknen oder gefrieren lassen.

Den Rest Limetteneischnee unter die bereits im Eisfach ruhende Sorbetmasse einrühren und weiter gefrieren lassen, bis sie sich von der Konsistenz zum Spritzen eignet.

Serviervorschlag:
1 grünfleischige Melone (vorzugsweise Galia) in 12 Teile schneiden und auf 6 Desserttellern V-förmig anordnen. Die fertige Sorbetmasse darauf spritzen oder mit 2 Löffeln ausstechen und auf den Melonenstücken arrangieren.
Mit den Minzblättern garnieren.

Pasteten mit Bay-Karottenwürfeln

4 Karotten	in kleine Würfel schneiden und in
1 Tasse Gemüsebrühe	gardünsten oder aromagaren.
50 g Butter	mit
1 EL feinem Vollwertmehl (Dinkel)	zu einem Teig kneten.
100 g sahnigen Frischkäse	
1 TL Bay-Würzöl	
1 TL O-sole-mio-Würzölmischung (S. 18) und	
1 EL trockenen Weißwein	mit der abgesiebten Ge-

	müsebrühe vermischen und den Teig einrühren, die Karotten beigeben, 10 Min. lang ziehen lassen.
frische Petersilie	hacken.

6 Blätterteigpasteten füllen, mit frischer Petersilie überstreuen und im vorgeheizten Backofen 10 Min. lang bei mittlerer Hitze backen.

Olivenpastete

1 Pfund grüne eingelegte Oliven	entkernen und kleinhakken.
2 EL Dinkelmehl 50 g Butter	mit zu einem Teig kneten.

2 EL konzentriertes Tomatenmark mit 1 TL Basilikum-Würzöl 1 TL Thymian-Rosmarin-Würzölmischung (S. 19) und 1 TL Oregano-Würzöl	vermengen und mit dem Teig in etwas heißes Wasser einrühren. Die Olivenstücke dazugeben, mit
Pfeffer Salz etwas Honig	 und abschmecken.

10 Min. ziehen lassen, in die Pastetenform füllen und im vorgeheizten Backofen 10 Min. lang bei mittlerer Hitze backen. Ideal für jedes Picknick!

SALATE

Salate

Tofu-Salat mit Trauben

250 g Tofu in Würfel	schneiden. Eine Marinade aus
3 EL Weißwein-Essig	
1 TL Honig	
1 TL Senf	
2 TL Capri-Würzölmischung (S. 18) und	
2 Tropfen Grüne Pfefferessenz	zubereiten. Mit
etwas Meersalz	und
1 TL Hefeflocken	abschmecken. Die Marinade mit
2 EL Wasser	verdünnen, die Tofuwürfel damit beträufeln und zwei Stunden in einem bedeckten Gefäß ziehen lassen.
2 Schalotten mit Grün	in feine Ringe schneiden,
1 rote Paprika	in feine Streifen schneiden,
200 g helle Weintrauben	halbieren und die Kerne entfernen. Alle Zutaten miteinander vermischen

2 EL grobgehackte Haselnüsse — und mit bestreuen.

Mozarella mit Basilikumtomaten

2 Portionen Mozarella — in Scheiben schneiden,
2 - 3 Fleischtomaten — in Scheiben schneiden,
ca. 15 frische Basilikumblätter — waschen.

Die geschnittenen Mozarella- und Tomatenscheiben abwechslungsweise auf einer Platte anrichten, dazwischen werden die Basilikumblätter gelegt.

---

1 EL Basilikum-Würzöl
wenig Kräutersalz — und
gemahlener Pfeffer oder 1 - 2 Tropfen Grüne Pfefferessenz — in
1 - 2 EL Olivenöl — emulgieren und mit dem
Saft ½ Zitrone — abschmecken. Über den Mozarella mit den Basilikumtomaten gießen.

Tomatensalat

6 Tomaten — in Scheiben schneiden,
1 Zwiebcl — in Ringe schneiden und auf die Tomate legen.

---

2 EL Olivenöl
1 TL Basilikum-Würzöl oder 1 TL Majoran-Würzöl
1 Prise Salz
1 zerdrückte Knoblauchzehe — (wahlweise) zu einer Salatsauce mischen und über die Tomaten geben.

Frühlings-Käsesalat

2 Paprika, rot und grün	in Streifen schneiden.
1 Kopf grüner Salat oder Eisbergsalat	waschen und zerkleinern.
1 Zwiebel	sehr klein schneiden.
2 Handvoll frische Frühlingskräuter	kleinschneiden.
1 TL O-sole-mio-Würzölmischung (S. 18) 1 TL Pfeffer-Würzöl 4 EL Olivenöl 1 Tropfen Galgantessenz	und
5 Tropfen Zitronenessenz	in der Salatsauce emulgieren. Dazu den
Saft 1 Zitrone	geben und miteinander vermischen. Mit
1 kräftigen Prise Meersalz	abschmecken.
100 g frischen Ziegenkäse	in kleine Würfel schneiden und in der Salatsauce marinieren.

Den Salat mit den Kräutern, der Salatsauce und den marinierten Ziegenkäsewürfel anmachen und mit ½ Handvoll Blüten (Gänseblümchen etc.) und geröstetem Sesam überstreuen.

Gurkensalat

1 große Salatgurke	schälen und in Scheiben schneiden.

200 g Sauerrahm
1 TL Dill-Würzöl oder 1 TL Dill & Co.-Würzölmischung

Saft ½ Zitrone	
frisch gehackten Dill	und
1 Prise Salz	zu einer Sauce verrühren.

Die Salatsauce über die Gurken geben.

Griechischer Bauernsalat

1 – 2 Paprikaschoten	in Streifen schneiden,
1 Pfund Tomaten	und
½ Salatgurke	in Scheiben schneiden,
150 g Schafskäse	in große Würfel schneiden.
50 g schwarze Oliven	
1 Bund frisches Basilikum	schneiden, einige Blätter zurücklegen, alle Zutaten vermengen.
4 EL Olivenöl	
Saft 1 Zitrone	
1 TL Pfeffer-Würzöl	
1 zerdrückte Knoblauchzehe (wahlweise)	
2 EL gehackte Kräuter	und
1 TL Oregano-Würzöl	zu einer Sauce verrühren und unter den Salat mischen.
1 große Zwiebel	in Ringe schneiden und zusammen mit den Basilikumblättern den Salat garnieren.

Waldorfsalat

1 großer Sellerie	waschen, schälen und raspeln.
½ Pfund Äpfel	dazu raspeln.
50 g Walnußkerne	kleinhacken und dazugeben.

etwas Petersilie und Schnittlauch	hacken,
1 Bund Kerbel	hacken und mit
150 g Sauerrahm	
3 Tropfen Orangenessenz	
2 Tropfen Zitronenessenz	und
2 Topfen Grüne Pfefferessenz	zu einer Sauce verrühren.

Alle Zutaten vermengen und mit Apfelsinenscheiben und Feldsalat garnieren.

Petersiliewurzelsalat

500 g Petersiliewurzeln	putzen, fein reiben und in Salzwasser legen.

2 Tropfen Orangenessenz	
1 Tropfen Limettenessenz	in
50 ml Sahne	und
1 EL Honig oder Ahornsirup	emulgieren.

	Mit
250 g Joghurt	
1 Prise Salz	
2 TL Pfeffer-Würzöl	zu einer Sauce verrühren

Die geriebenen Petersiliewurzeln abtropfen lassen und mit der Sauce vermengen.

4 Tomaten	in Scheiben schneiden,

1 Bund Petersilie	hacken und damit den Salat garnieren.

Kartoffelsalat

2 kg Salatkartoffeln	kochen und in Scheiben schneiden.
1 große Zwiebel	kleinhacken.

3 Tropfen Grüne Pfefferessenz	in
2 EL Olivenöl	emulgieren,
1 Becher Sauerrahm	
Saft ½ Zitrone	
2 EL Dill & Co.-Würzölmischung (S. 19)	
1 EL Bay-Würzöl	
1 EL Majoran-Würzöl	und
etwas Salz	im Mixer zu einer Sauce verrühren und mit den Kartoffeln und Zwiebeln vermengen.

Mindestens 2 Stunden ziehen lassen!

Käsesalat

250 g Emmentaler Käse	
250 g Bergkäse	
2 Äpfel	und
2 Birnen	in Würfel schneiden.

1 Bund gehackte Petersilie	
200 g Sauerrahm	
100 g Joghurt	
1 TL Estragon-Würzöl	mit
3 Tropfen Orangenessenz	

2 Tropfen Grüne Pfefferessenz etwas Honig	emulgieren. Mit abschmecken, zu einer Sauce verrühren.

Mit dem Käse und den übrigen Zutaten vermengen, mit roter Paprika und gehackter Petersilie bestreuen. Kein Salz verwenden, da der Käse ausreichend gesalzen ist.

Nudelsalat mit feiner Currysauce

500 g Nudeln	bißfest kochen.
200 g Sauerrahm Saft ½ Zitrone 2 Eigelbe ½ Tasse Sonnenblumenöl 1 – 2 TL Currypulver 1 TL Basilikum-Würzöl 1 TL Muskat-Würzöl	und zu einer Sauce verrühren.
1 Bund Schnittlauch 250 g feine, gekochte Zuckererbsen	feinhacken und mit unter die übrigen Zutaten mischen.

Bohnensalat mit Thymian-Vinaigrette

1 kg Brechbohnen Salzwasser	putzen, je nach Größe brechen und ca. 15 Min. in kochen. Anschließend die Bohnen im Sieb abtropfen lassen.
50 – 70 g Schalotten	säubern und sehr fein würfeln.

1 kleiner Bund frischer Thymian	und
1 kleiner Bund frisches Bohnenkraut	feinhacken und mit
1 EL Vinaigrette (S. 125)	
1 Prise Meersalz	
2 Tropfen Limettenessenz	
1 EL Majoran-Würzöl	und
1 TL Pfeffer-Würzöl	eine Salatsauce zubereiten.

Die Bohnen mit der Sauce vermengen und ziehen lassen.

Chicorée „Orange“

5 Chicoréestauden	waschen, Blätter vom Strunk lösen und in schmale Streifen schneiden.
5 Tropfen Orangenessenz	
1 Tropfen Zitronenessenz	und
1 Tropfen Grüne Pfefferessenz	in
50 ml Sahne	emulgieren. Mit
200 g Joghurt	und
1 Prise Kräutersalz	zu einer Sauce verrühren.
2 EL Mandelstifte	in der Pfanne rösten und über den Salat streuen.

Karottensalat mit geröstetem Sesam

1 Pfund Karotten	waschen, putzen und raspeln.
1 Apfel	dazureiben.
1 EL Sesam	in der Pfanne rösten

2 Tropfen Grüne Pfefferessenz	und
3 Tropfen Rote Mandarine-Essenz	in
½ Becher Sauerrahm	verrühren.

Die geriebenen Karotten und den Apfel mit dem Sauerrahm vermengen, den Sesam darüberstreuen.

Das Rezept kann mit geeigneten Würzölen und Essenz variiert werden, beispielsweise Pfeffer-Würzöl, Dill-Würzöl, Majoran-Würzöl, Orangenessenz.

Eine Duftspur durch die Gewürzgeschichte

Von den Gesundgärten zum aufstrebenden Gewürzhandel bis ins 20. Jahrhundert

Mit Karl dem Großen kamen die meisten heute bekannten Küchenkräuter aus Italien über die Alpen. Im Ministerialerlaß „Capitulare de villis“ wurden die Gutsverwalter angewiesen, 74 verschiedene Kräuter, Sträucher und Bäume in den kaiserlichen Gärten anzubauen. Dazu gehörten unter anderem Dill, Salbei, Rosmarin, Kümmel, Estragon, Fenchel, Anis, Bachminze und Koriander. Zur selben Zeit brachte der *Abt Walahfrid Strabo* vom Kloster Reichenau einen großen Schatz an Kräuterwissen aus Italien mit. *In seinem Gedicht „Hortulus“ findet sich ein Blumenstrauß voll Duft und Würze: „... lernt deshalb die Wirkkräfte der Heilkräuter und die Mischungen der Spezereien (Gewürze, M. K.) mit sorgfältiger Überlegung anzuwenden. Aber setzt die Hoffnung nicht in die Kräuter und Rettung nicht in menschliche Ratschläge ...“* Heute noch ist auf der Insel Reichenau der herrliche, nach altem römischem Vorbild angelegte Kräutergarten zu besichtigen, der dem Abt Sinnbild sowohl für aktives als auch kontemplatives Leben war.

Gärten dieser Art waren die Vorläufer unserer Kräuter- und Gemüsegärten. Sie wurden im Mittelalter sinnigerweise „Hortus sanitatis“, Gesundgärten genannt, in denen Kräuter wie Minze, Salbei, Ysop und Rosmarin wuchsen. Später waren es die Benediktinermönche, die aus ihrem Stammkloster auf dem Berg Monte Cassino Ableger von Heil- und Küchenkräutern in die neugegründeten Siedlungen im rauhen Norden mitnahmen und damit wesentlich zur Verfeinerung der Speisepläne beitrugen.

Im 12. Jahrhundert praktizierte die Äbtissin Hildegard von Bingen im Kloster Disibodenberg als Ärztin und Kräuterheilkundige. Die Heilige Hildegard schrieb in ihrem Buch „Physika“ viel über Ernährung, vor allem über die Bedeutung des Würzens mit Kräutern und Heilpflanzen. Bevorzugt verwendete sie Kräuter, die besonders duftend und wohlschmeckend sind, wie Fenchel, Dill, Minze, Melisse und Ysop. Auf ihr umfangreiches Wissen, das auch der Aromaküche zugute kommt, können wir heute wieder zurückgreifen.

Zu Beginn des Mittelalters setzte an den Fürsten- und Königshäusern eine neue Ära des Würzens und Verfeinerns von Speisen ein, da die Kreuzritter aus dem Orient verschiedene Gewürze mitbrachten. *„Wenn man auf den Teppich trat, Kardamom, Würznelken und Muskat lagen gestreut unter den Füßen“, wußte der bekannte mittelalterliche Minnesänger Wolfram von Eschenbach von den verschwenderischen Höfen zu berichten.* Zwar kannte der einfache Bürger zu jener Zeit die „feine Würzkunst“ der Oberschicht noch nicht, aber allmählich fand ein genereller Wandel der Eßkultur statt.

Im 15. Jahrhundert erschien seit dem von Apicius handschriftlich verfaßten Kochbuch eines der ersten gedruckten Kochbücher, „De Honesta Voluptate ac Veletudine“ (Über die ehrliche Freude und das Wohlbefinden). Das in Venedig editierte Buch verwies auf die Bekömmlichkeit von Zitronensaft und Wein zum Aromatisieren der Speisen und stellte den Beginn der Menüfolgen dar. Selbst die ärmere Bevölkerungsschicht konnte sich nun Mahlzeiten mit mehreren Gängen leisten, zumindest Pasta, Käse und Früchte waren selbstverständlich. In dieser Hochblüte der italienischen Küche wurde Katharina von Medici, eine reiche florentinische Kaufmannstochter, 1533 mit Heinrich II. von Frankreich vermählt. Eines der wertvollen Geschenke, die Katharina mit in die Ehe brachte, war eine stattliche Anzahl ausgebildeter Meisterköche. In manchen Geschichtsbüchern finden sich fast schon bissige Kommentare, daß es ohne diese Frau keine französische Küche gäbe. Zweifelsohne lernten die Franzosen durch Katharina von Medici den Umgang mit Gemüse wie Erbsen, Broccoli, Artischocken und Trüffel kennen. Die Zubereitung von Nachspeisen, Backwerk und Kuchen war ihnen bis dahin gänzlich unbekannt gewesen. Katharina führte auch den Gebrauch der Gabel bei Tisch ein. In ihrem Gefolge befanden sich außerdem zwei ausgezeichnete Parfümeure, die wohl ihren Beitrag zur verfeinerten Aromakultur im höfischen Leben geleistet haben.

Gewürze oder Aromaten besaßen in der Weltwirtschaft vergangener Zeiten eine herausragende Bedeutung. Neben Gold, Seide und einigen anderen Luxusartikeln waren sie Haupthandelsware. Ihre Verwendung war Ausdruck gesteigerter Lebenskultur und sollte zugleich der Gesundheit dienen. Die großen Stadtrepubliken Genua und Venedig waren fünfhundert Jahre lang die Beherrscher des Gewürzhandels, denn durch die Reisen des Marco Polo hatte Italien eine Vormachtstellung erhalten.

In Deutschland waren es vor allem die Fugger und Welser, die mit Gewürzen handelten. Überliefert ist die Geschichte, daß der Kaufmann Anton Fugger Kaiser Karl V. eine größere Summe Geld lieh und, da dieser nicht zurückzahlen konnte, die Schuldscheine vor des Kaisers Augen über einem Feuer aus Zimtstangen verbrannte. Fugger wollte mit dieser Tat dem Kaiser seine Macht demonstrieren, die er mit dem wohl „ältesten Handel der Welt" erworben hatte. Einige freie Reichsstädte konnten durch den Gewürzhandel so hohe Steuereinnahmen verzeichnen, daß viele Gelder für soziale und kulturelle Zwecke ausgegeben wurden; die Fuggerei in Augsburg wird heute noch als größtes und interessantestes Sozialwerk bewundert.

Zur selben Zeit entstanden viele bekannte Gewürzstraßen. Eine der Bekanntesten zog sich von Venedig über Innsbruck, Augsburg, Nürnberg und Leipzig bis hin nach Rußland. Die Gewürze sorgten in den Küchen nördlich der Alpen für willkommene Abwechslung. Gewürzmischungen wurden hergestellt, „neue" nationaltypische Gerichte entstanden.

Im letzten Jahrhundert gab es wieder eine Hochblüte der Heilkräuter. Große Laien und Ärzte wie Hahnemann, Kneipp und Kräuterpfarrer Künzle förderten die „Naturheilkunde". Sie trugen viel dazu bei, daß die Kräuter nicht in die Hausapotheke verbannt wurden, sondern zurück in unsere Küche wanderten. Ich selbst hatte das große Glück, das Wissen Johann Künzles bereits in früher Kindheit von meinem Großvater zu erlernen, der ein großartiger Gärtner und Rosenspezialist war. Kräuter wie Dill, Minze, Melisse, Liebstökkel und Salbei waren mir schon früh geläufig, was eine gute Voraussetzung und Grundlage für die Entstehung der Aromaküche bildete.

In unserer schnellebigen Zeit in den großen Ballungszentren bleibt für harmonisches Würzen, das Abrunden der Speisen oder gar für Kräutergärten oft zu wenig Zeit. Der Wunsch, wieder natürlicher und gesünder zu leben, ist jedoch weit verbreitet. Hier kann die Verwendung von ätherischen Ölen und Würzölen in der Aromaküche eine wirkliche Bereicherung Ihrer vitalstoffreichen Ernährung sein.

HAUPTSPEISEN

GEDÜNSTETE PAPRIKASTREIFEN IN TOMATENSAUCE MIT GERÖSTETEM SESAM

4 grüne Paprika	in Streifen schneiden, in
2 EL Olivenöl	und
½ Tasse Wasser	aromagaren oder dünsten.
1 Zwiebel 1 EL heißem Olivenöl	kleinschneiden und in glasig dünsten.
3 TL Tomatenmark	mit
2 TL Basilikum-Würzöl	und
1 EL Mehl 1 Prise Meersalz	in die Brühe rühren, mit
Pfeffer	und
etwas Honig	abschmecken.
2 EL Sesam	in der Pfanne rösten und darüberstreuen.

Afghanischer Rahmspinat

1 kg frischen Spinat	kleinschneiden und kurz dünsten.
1 große Zwiebel 5 EL Sesamöl	kleinschneiden und in kurz bräunen.
½ Tasse Wasser 1 TL Kreuzkümmel-Würzöl 1 TL Cardamom-Würzöl 2 Eigelbe 100 ml Sahne	 und mit verquirlen und in das Gemüse rühren.

Mit Naturreis servieren.

Polenta mit Lauch

1 Stange Lauch 1 gehackten Zwiebel 1 EL Olivenöl etwas Wasser	kleinschneiden und mit in und andünsten.
150 g Maisgrieß ½ l Gemüsebrühe	in ca. 10 Min. lang kochen und weitere 15 Minuten ziehen lassen.
1 TL Oregano-Würzöl 1 TL Rosmarin-Thymian-Würzöl (S. 19) und 1 Prise Meersalz	 in das Lauchgemüse ein rühren und mit der Polenta vermengen. 5 Min. lang ziehen lassen.

Dazu Crème fraîche reichen. Die Lauchpolenta kann auch

in eine Auflaufform gefüllt werden, mit Reibekäse bedeckt und im vorgewärmten Backofen 10 Min. bei 180 Grad überbacken werden.

Gebratener Kürbis süss-sauer

1 kg Kürbis	schälen, entkernen und in Streifen schneiden, in
2 EL Sesamöl	anbraten.
2 EL gemahlene Haselnüsse	in der Pfanne rösten, mit
100 ml Sahne 200 g Sauerrahm Saft 1 Zitrone 1 TL Currypulver 3 TL Euro-Asia-Würzölmischung (S. 20) Meersalz Pfeffer etwas Honig	und zu einer Sauce verrühren.
1 Tasse kleingeschnittene Ananas	der Sauce beigeben und mit dem gebratenen Kürbis servieren.

Griechische Tomatenomelettes mit Schafskäse

1 kg Tomaten	abbrühen, schälen und kleinschneiden.
½ Tasse entkernte Oliven 2 Zwiebeln 2 Knoblauchzehen 3 EL Olivenöl	und kleinschneiden, in anbraten. Die Tomaten

	mit
1 EL gehackte Petersilie	zu den Zwiebeln geben, mit
Meersalz	und
Pfeffer	30 Min. lang dünsten. Mit
1 TL Basilikum-Würzöl 1 TL Estragon-Würzöl 1 TL Lorbeer-Würzöl	abschmecken.
150 g Schafskäse	würfeln, dazugeben und 10 Min. lang weiterdünsten.
8 – 10 Eier mit 2 EL Dill & Co.-Würzölmischung (S. 19)	
Meersalz	und
Pfeffer	gut verrühren und daraus in
Sonnenblumenöl	4 mittelgroße Omelettes backen.

Omelettes mit der Füllung belegen und übereinanderschlagen, mit frischen Kräutern garnieren.

Ratatouille

2 Paprika 2 geschälte Kartoffeln	
2 Zucchini	und
2 Auberginen	kleinschneiden, kurz andünsten.
2 geschnittene Zwiebeln	und
1 zerdrückte Knoblauchzehe (oder wahlweise)	glasig dün

	sten und mit dem Gemüse mischen.
4 Tomaten 2 EL Olivenöl	abbrühen, kleinschneiden und in 10 Min. lang dünsten.
1 TL Basilikum-Würzöl 1 TL Majoran-Würzöl 1 TL Rosmarin-Thymian-Würzöl (S. 19) Meersalz Pfeffer	und mit dem Gemüse vermengen.
Mit Reis servieren	

HOPPLA-HOPP

4 – 5 mittelgroße junge Kartoffeln 2 EL Sesamöl	mit der Schale in hauchdünne Scheiben schneiden und in anbraten.
1 Tasse Wasser 2 EL Hefeflocken Meersalz Pfeffer	und mit den Kartoffeln mischen und 5 Min. lang köcheln lassen.
1 TL Koriander-Würzöl 1 TL Majoran-Würzöl 2 EL süße Sahne	in einrühren und über die Kartoffeln gießen.

Eier in grüner Sauce

12 Eier	hartkochen, schälen und halbieren.
500 g Joghurt ¼ l Sauerrahm 1 EL Mayonnaise 1 Eigelb Saft ½ Zitrone 2 EL Dill & Co.-Würzölmischung (S. 19) 3 Tropfen Zitronenessenz 1 EL gehackte Petersilie 1 EL geschnittener Kerbel	und zu einer Sauce verrühren.

Die halbierten Eier in der Sauce servieren.
Für das kalte Buffet oder zu Reis und Kartoffeln ideal.

Zucchiniraspeln

3 Zucchinis	raspeln.
1 EL Olivenöl 1 EL Estragon-Würzöl 1 TL frisches Estragonkraut 1 Tropfen Grüne Pfefferessenz	zu einer Sauce emulgieren.
1 Handvoll Pinienkerne etwas Meersalz	dazugeben und mit abschmecken.

Passend zu allen Nudelgerichten, ein ideales Sommergericht.

Pfannengerührte Eier im Wok

2 Schalotten oder 1 Stange Lauch	in feine Ringe schneiden und 1 Min. mit
1 EL Sonnenblumenöl	im Wok erhitzen,
1 TL Ingwer-Würzöl	dazugeben.

6 Eier	mit
3 EL Wasser oder Gemüsebrühe	verquirlen, mit
1 TL aromatisierten Bay-Koriander-Nelkensenf *	
1 TL Pfeffer-Würzöl	und
etwas Salz	würzen und abrunden.

	Nach Belieben können noch
2 Scheiben Schinken	dazugeschnitten und im Wok pfannengerührt werden, bis die Eier stokken.

* *Herstellung von Bay-Koriander-Nelkensenf:*

100 g mittelscharfer Senf	mit
4 Tropfen Bayessenz	
4 Tropfen Korianderessenz	und
1 Tropfen Nelkenessenz	emulgieren.

Geeignet für Marinaden, Beizen, Aufstriche, Dips und Saucen.

Kalbsmedaillons mit Muskatellersalbei

Für 4 Personen 12 Kalbsmedaillons à 40 g 100 g Butter Muskatellersalbeisalz (S. 20)	 in braten, auf einer Wärmeplatte auslegen und mit würzen.
   0,1 l starken Kalbsjus	Die in der Bratpfanne zurückgebliebene Sauce mit ablöschen und binden.
0,1 l Muskatwein	dazugießen, aufkochen und die Sauce abseihen, durch Aufköcheln den Fond reduzieren, kurz zur Seite stellen und wieder reduzieren.
0,2 l Sahne 4 Tropfen Grüne Pfefferessenz 1 – 2 TL Lorbeer-Würzöl 1 kräftige Prise Muskatellersalbeisalz	mit emulgieren, dazu unterziehen und abschmecken. In den Kalbsfond die aromatisierte Sahne einrühren, die Sauce warmstellen.

Serviervorschlag:
4 frische Salbeiblätter
6 Muskattrauben halbieren und cntkernen. Medaillons im Dreieck legen, halb mit Sauce nappieren (bedecken), mit den Traubenhälften garnieren und in die Mitte ein Salbeiblatt legen.

Karotten mit gerösteten Sonnenblumenkernen

1 Pfund Karotten	im Dämpfer aromagaren oder dünsten. Die letzten 5 Minuten
2 Topfen Bayessenz 1 Tropfen Anissamenessenz 2 Tropfen Karottensamenessenz	 und in das Wasser geben.
2 EL Butter 1 EL Dinkelmehl 1 Tasse Wasser 1 TL Bay-Würzöl 1 TL Galgant-Würzöl 1 TL Estragon-Würzöl 1 Prise Meersalz	zerlassen und mit und eine gebundene Sauce herstellen.
1 Topfen Grüne Pfefferessenz 1 – 2 EL Sauerrahm	in einrühren, in die Sauce unterziehen, und die Karotten dazugeben.
2 EL Sonnenblumenkerne	in der Pfanne rösten.

Die Karotten mit gehackter Petersilie und den Sonnenblumenkernen bestreuen.
Passend dazu: Kartoffeln, brauner oder weißer Reis, Weizenschrot oder Dinkelschrot.

Lachssteak an Limetten-Fenchelsauce

4 Tropfen Limettenessenz	
5 Tropfen Zitronenessenz	in
1 EL Pfeffer-Würzöl	und
1 – 2 EL Fenchel-Würzöl	emulgieren und mit dem
Saft 1 Zitrone	und
1 Orange	zu einer Marinade verbinden.
4 Lachssteaks	in der Marinade 1 Stunde im Kühlschrank ziehen lassen, die Steaks hin und wieder wenden.

In Alufolie legen, Marinade darübergießen, mit frischem Fenchelgrün oder Limettenscheiben belegen und im Backofen bei 180 Grad ca. 15 Minuten garen.

Dazu paßt Naturreis und leichtes, aromagegartes Gemüse.

Spargel Aromafein – für die Frühjahrskur

1 kg Spargel	schälen und in
1 l Salzwasser	ca. 15 Min. kochen. Die letzten 2 – 5 Min. eine Mischung aus
3 Tropfen Orangenessenz	und
2 Tropfen Lemongrassessenz	in das Wasser dazugeben.

Serviervorschlag: aromatisierte Butter (S. 102), Jogurtsauce (S. 112) oder Mayonnaise (S. 114), dazu in Bay-Würzöl gekochte Kartoffeln.

Asiatische Gerichte

Asiatische Gerichte

Ingwer-Curry-Lauch

3 Lauchstangen	waschen, schneiden und in
½ Tasse heiße Gemüsebrühe	zwei Minuten aroma-garen oder dünsten,
1 EL Dinkelmehl	mit
2 EL weiche Butter	zu einem Teig kneten und in die Lauchbrühe einrühren.

1 TL Currypulver 1 TL Rosmarin-Thymian-Würzölmischung (S. 19) 1 TL Ingwer-Würzöl 1 TL Euro-Asia-Würzölmischung (S. 20) und	
200 g Sauerrahm	verrühren und mit dem Gemüse 5 Min. lang ziehen lassen.

Passend zu Basmati-Reis.

Indisches Dal – ein Linsengericht

500 g rote Linsen	
1 Zwiebel	feinschneiden,
1 Peperoni	schneiden,
2 Lorbeerblätter	
1 geriebene Chilibohne	
½ TL Kurkumapulver	und
1 TL Kreuzkümmel-Würzöl	in
1 Liter Gemüsebrühe	in 20 Min. garkochen.
1 Zwiebel	sehr klein schneiden,
2 Knoblauchzehen (wahlweise)	zerdrücken, mit
2 TL Lorbeer-Würzöl	
1 TL Senfkörner	und
1 TL Kreuzkümmel-Würzöl	in
Sesamöl	kurz andünsten, mit
1 Tasse Kokosmilch	ablöschen und mit den Linsen vermengen.

Mit Reis garnieren.

Kartoffeln auf indische Art

1 Pfund Kartoffeln	schälen und würfeln.
1 Zwiebel	in Streifen schneiden.
1 TL Currypulver	
½ TL Kurkumapulver	
1 TL Senfkörner	
1 TL Kreuzkümmel-Würzöl	und
3 Tropfen Lemongrassessenz	in
1 EL Sesamöl	emulgieren.
2 geschnittene Peperoni	in

1 TL Lorbeer-Würzöl	
kräftige Prise Meersalz	und
½ Tasse Wasser	dünsten, anschließend mit den Kartoffeln und den Zwiebeln garkochen.

Mit einer Schale Sauerrahm oder Joghurt servieren.

Indonesische Reispfanne

400 g Reis	garkochen.
4 Karotten	in dünne Scheiben schneiden und in einer großen Pfanne in
2 EL Sesamöl	anbraten.
4 Tomaten	abbrühen, schälen, kleinschneiden und mit
1 kleingeschnittenen Zwiebel	
1 TL Euro-Asia-Würzölmischung (S. 20)	
1 TL Nelken-Würzöl	
1 TL Chinagewürz	und
1 Prise Meersalz	in
3 EL Butter	dünsten.
1 Tasse Wasser	und
1 EL Hefeflocken	dazugeben, etwas einkochen lassen, mit
Zitronensaft	und
etwas Ahornsirup	abschmecken.

Reis zu Karotten in die Pfanne geben und kurz anbraten.

2 EL Sonnenblumenkerne	rösten und über Karotten und Reis streuen.

Die Sauce getrennt servieren.

Möhrencurry

7 große Möhren	in Scheiben schneiden und kurz andünsten oder aromagaren.
4 EL Butter	zerlassen,
1 TL Kurkuma	
1 TL Senfkörner	und
1 TL Currypulver	in der Butter dünsten.
2 TL Euro-Asia-Würzölmischung (S. 20)	
½ TL Nelken-Würzöl	und
2 Tropfen Orangenessenz	einrühren.
2 EL Rosinen	und
1 kleingeschnittene Banane	mit den Möhren und den Gewürzen 30 Min. lang auf kleiner Flamme zie hen lassen.

Burmesisches Gemüsegericht

1 Pfund grüne Bohnen	kleinschneiden,
1 Pfund Karotten	in Streifen schneiden,
½ Blumenkohl	in Röschen teilen.
	Das Gemüse nacheinander in cincr Mischung aus
1½ l Wasscr	
2 EL Essig	und
½ TL Gelbwurzpulver	bißfest garkochen oder aromagaren. Das Gemüse absieben.
2 Zwiebeln	und

2 – 4 Knoblauchzehen 1 EL Sesamöl	in Streifen schneiden, in im Wok oder in der Pfanne bräunen.
2 TL Kreuzkümmel-Würzöl 2 TL Koriander-Würzöl 3 Tropfen Zitronenessenz 1 TL Euro-Asia-Würzölmischung (S. 20) und etwas Honig	zu den Zwiebeln geben und mit dem Gemüse vorsichtig vermengen.
	Im Wok nochmals kurz unter Rühren braten.

Mit geröstetem Sesam bestreuen. Sehr gut geeignet zu verschiedenen Reissorten, Hirse oder Dinkel.

Überbackenes

Überbackenes

Überbackener Bleichsellerie

4 Stangensellerie	feinschneiden und dünsten oder aromagaren.
3 Tassen trockene Brotwürfel 3 EL Butter 1 TL Majoran-Würzöl	in mit goldbraun braten.
200 g Sauerrahm 1 TL Majoran-Würzöl Salz Pfeffer	 und vermengen.

Sellerie und Brotwürfel in eine feuerfeste Form geben und den Sauerrahm darüber gießen.

	Mit
50 g geriebenem Emmentaler Käse	bestreuen und bei 180 Grad 20 Min. lang backen.

Gefüllter Kürbis

1 Kürbis	oberen Teil als Deckel ausschneiden, Fasern und Kerne entfernen, Innenwände mit
Tamari oder Sojasauce	und
1 TL Pfeffer-Würzöl	einreiben.
500 g Reis	garkochen.
1 Pfund Tomaten	abbrühen, schälen, kleinschneiden und mit
2 gehackten Zwiebeln	und
1 zerdrückten Knoblauchzehe	in
1 EL Olivenöl	andünsten.
2 TL Oregano-Würzöl	und
2 TL Kreuzkümmel-Würzöl	einrühren.
250 g geriebenen Parmesankäse	mit dem gekochten Reis, den Tomaten und

frischgemahlenem schwarzem Pfeffer gut vermengen.

Den Risotto in den Kürbis füllen, Deckel daraufsetzen und bei ca. 220 Grad 50 Min. lang backen, bis die Kürbisschale bei Fingerdruck nachgibt.

Kartoffelsoufflé

2 Tassen heißes Kartoffelpüree	
½ Tasse saure Sahne	
100 g geriebener Bergkäse	
4 Eigelbe	
1 – 2 TL Estragon-Würzöl	
1 TL Bay-Würzöl	
Pfeffer	und

Meersalz	mit dem Rührgerät 2 Min. lang vermengen.
4 Eiweiße 1 Prise Meersalz 1 Prise Weinstein-Backpulver	mit und steifschlagen und unter die Kartoffelmasse heben.

Alles in eine gefettete Souffléform geben und im vorgeheizten Backofen bei 180 Grad 45 Min. lang backen.
Sofort servieren, da Soufflés an der kühleren Luft zusammenfallen. Kann mit anderen Würzölen sehr gut variiert werden.

Kartoffelgnocchi à la Rosario

1 kg mehlige Kartoffeln	garkochen, abkühlen, schälen und durch die Kartoffelpresse drücken.
1 Ei 2 TL Estragon-Würzöl ½ Tasse Mehl 2 TL Meersalz	 und mit den Kartoffeln zu einem Teig kneten.

Einen Teil des Teigs zu einer Rolle mit ca. 3 cm Durchmesser formen. Dann in 1 cm dicke Scheiben schneiden und mit dem übrigen Teil in derselben Weise verfahren.

5 l kochendem Salzwasser	Die Gnocchi in 8 – 10 Min. garkochen. Mit einem Schaumlöffel herausnehmen und abtropfen lassen. Anschließend in eine gefettete,

	feuerfeste Form geben und mit
150 g Parmesankäse	bestreuen.

Im vorgeheizten Backofen bei ca. 180 Grad goldbraun backen.

Wirsingpastete

	Von
1 großen Wirsingkopf	die Blätter vom Strunk lösen und waschen.
	Die dicken Blattrippen entfernen und alle Blätter in
¾ l Gemüsebrühe	halbgar kochen.

Mit dem Schaumlöffel herausnehmen und abtropfen lassen.

300 g feingeschrotener Mais	mit
0,4 l Wirsingbrühe	verrühren und
1½ Gemüsebrühwürfel	dazugeben.

Unter Umrühren zu einem dicken Brei kochen und 10 Min. auf der ausgeschalteten Platte ziehen lassen.

2 Eier	und
30 g Butter	unter den Mais rühren.
1 Knoblauchzehe	schälen, pressen und mit

3 EL feingeschnittenem Lauchgrün
3 EL feingehackten Kräutern wie Petersilie, Kresse etc.

125 g geriebenem Käse	(3 EL zum Bestreuen üb-

riglassen) in den Maisbrei einrühren.

	Mit
1 EL Muskat-Würzöl	
½ TL Pfeffer-Würzöl	und
Kräutersalz	abschmecken.

Den Backofen auf 200 Grad vorheizen.

Etwa 40 g Butter zerlassen. Eine tiefe gußeiserne Pfanne einfetten. Den Boden der Form mit Wirsingblättern so auslegen, daß sie sich überlappen. Die Blätter leicht salzen.

1 EL Muskat-Würzöl zum Bepinseln der Wirsingblätter.

Einen Teil der Maisfüllung darüber verteilen, mit Wirsingblättern bedecken, so daß es mehrere Schichten gibt. Mit Wirsingblättern abschließen. Die Form zudecken (evtl. Alufolie verwenden). Die Pastete auf der untersten Schiene 20 Min. backen, dann den restlichen Käse darübergeben. Noch 5 – 10 Min. auf der obersten Schiene backen, bis der Käse goldgelb ist.

Dazu paßt Möhren- oder Selleriesalat, Chicorée oder Chinakohl.

Pikante Käsetorte

1 Paket Tiefkühlblätterteig auftauen und den Teig dünn ausrollen. Den Boden und Rand einer Springform damit auskleiden und kaltstellen.

100 g Butter	zerlassen und
2 Zwiebeln	feinschneiden, in der Butter glasig dünsten, mit
2 EL Dinkelmehl	verrühren und mit
2 Tassen Milch	ablöschen.

	Die Flüssigkeit mit
5 Eigelbe	
2 Tropfen Orangenessenz	
300 g geriebenem Emmentaler Käse	
1 TL Basilikum-Würzöl	
1 TL Majoran-Würzöl	
2 EL gehacktem Schnittlauch	und
2 TL Paprikapulver	vermengen.

Die Form mit der Masse füllen und im vorgeheizten Backofen auf der untersten Schiene bei 200 Grad ca. 20 Min. lang goldbraun backen.

Grünkern-Bratlinge

1 gehackte Zwiebel	in
1 EL Sonnenblumenöl	andünsten.

200 g geschroteten Grünkern	mit den Zwiebeln in etwas Wasser kurz aufkochen und quellen lassen.

150 g Magerquark	
50 g feine Haferflocken	
1 EL Hefeflocken	
1 TL Basilikum-Würzöl	
2 TL Oregano-Würzöl	
½ TL Paprikapulver	und
etwas Meersalz	gut verrühren, mit der Grünkernmasse ver-

	mengen, zu runden Frikadellen formen und beidseitig anbraten.
1 würzigen Käsescheibe 1 Tomatenscheibe	Jede Frikadelle mit und belegen.

Im Backofen bei 200 Grad ca. 15 Min. lang backen.

Fenchelschmortopf

4 Fenchelknollen	der Länge nach schneiden und weichkochen.
2 gehackte Zwiebeln 1 EL Pflanzenöl 1 zerdrückte Knoblauchzehe	in anschwitzen und dazugeben.
5 Tomaten in Scheiben	schneiden
100 ml Sahne 1 TL Rosmarin-Thymian-Würzöl (S. 19) und 100 g Tomatenmark	zu den Zwiebeln geben und 10 Min. unter Umrühren leicht köcheln lassen.
50 g schwarze entkernte Oliven etwas Salz frisch gemahlenem schwarzem Pfeffer und 1 EL Fenchel-Würzöl	dazugeben und mit abschmecken.
25 g Butter	in einer feuerfesten Form zerlassen und den abgetropften Fenchel hineingeben. Die Sauce darübergießen, mit

100 g geriebenem Greyerzer Käse	bestreuen und 15 Min. bei 200 Grad im vorgeheizten Ofen überbacken.

Gefüllte Tomaten aus dem Backofen

400 g Reis	garkochen.
3 Paprika 1 Zwiebel 2 EL Olivenöl	und kleinschneiden und in anbraten. Von
8 Tomaten	den oberen Teil knapp abschneiden und das Mark mit einem Kaffeelöffel herausschaben. Das Mark kleinhacken und mit
2 EL Olivenöl 2 TL Oregano-Würzöl 1 TL Koriander-Würzöl Salz Pfeffer	mit und kurz dünsten. Alle Zutaten mit
200 g geriebenem Emmentaler Käse	vermischen.

Die Masse in die Tomaten füllen; etwas geriebenen Emmentaler Käse mit Paniermehl vermengen und auf die gefüllten Tomaten häufen. Im vorgeheizten Backofen bei mittlerer Hitze 25 Min. lang überbacken.

Moussaka

3 Auberginen	in Scheiben schneiden und in
4 EL Olivenöl	kurz anbraten.
3 Zucchini	
2 Zwiebeln	und
250 g Champignons	in Scheiben schneiden und in
2 EL Olivenöl	anbraten.
3 zerdrückte Knoblauchzehen	
2 TL Rosmarin-Thymian-Würzölmischung (S. 19)	
2 TL Estragon-Würzöl	und
3 TL Pfeffer-Würzöl	mit Gemüse vermischen.
4 Tomaten	kurz in kochendes Wasser legen, schälen, kleinschneiden und mit dem Gemüse vermengen.
4 Kartoffeln	schälen und in dünne Scheiben schneiden.
1 Bund Petersilie	hacken, mit
4 Eiern	
100 g Joghurt	
¼ l Sahne	
1 EL Petersilie-Würzöl	
200 g geriebenem Parmesankäse	und
4 EL Tomatenmark	zur Sauce verrühren.

Eine Schicht Gemüse in die Auflaufform geben, mit einem Drittel der Kartoffelscheiben bedecken und darüber einen Teil der Sauce geben. Weiter schichten, mit geriebenem Parmesankäse bestreuen.
Im vorgeheizten Backofen bei 180 Grad 30 – 40 Min. gratinieren.

Broccolisoufflé

1 kg Broccoli	halb garkochen oder aromagaren, gut abtropfen lassen und in kleine Teile schneiden.
150 g Mayonnaise 200 g Magerquark 60 g Vollkornmehl 4 Eigelbe 1 Prise Meersalz 2 TL Pfeffer-Würzöl 1 TL Muskat-Würzöl 1 TL Bay-Würzöl etwas Milch	mit und verrühren.

Den Broccoli in eine gefettete, feuerfeste Form legen und mit dem Teig bedecken.
Im vorgeheizten Backofen bei 180 Grad ca. 30 Min. backen.

Brotaufstriche, Pasten

Brotaufstriche, Pasten

Aromatisierte Butter

Mit Butter können viele Gerichte abgerundet und verfeinert werden. Emulgiert mit aromatischen Würzessenzen schmeckt Butter noch köstlicher. Buttermischungen passen zu Canapés, Sandwiches, bißfest gegartem Gemüse, Fleisch oder Fisch. Sie eignen sich auch hervorragend als Brotaufstriche und zum Bepinseln von Gratins, warmen Gemüsen oder Pizzabroten. Auf einem Weinblatt traubenförmig angeordnete Butterkugeln oder andere kunstvolle Arrangements sind Blickfang jedes kalten Buffets. In Picknickdosen abgefüllt, macht aromatisierte Butter den Ausflug ins Grüne noch schmackhafter.

Maitre d'hôtel-Butter (pikant) – Kräuterbutter

125 g ungesalzene, geklärte Butter mit
2 Tropfen Zitronenessenz
2 Tropfen Grüner Pfefferessenz
1 EL frische Petersilie oder wahlweise
frische Kräuter der Saison hacken und mit
1 TL Petersilie-Würzöl oder 1 TL Dill & Co.-Würzölmischung (S. 19) vermischen.

Maitre d'hôtel-Butter (süss)

125 g geklärte Butter	mit
10 – 20 g Rohrzucker oder Honig	
3 Tropfen Vanilleessenz	
2 Tropfen Rote Mandarinenessenz	
1 Tropfen Orangenessenz	und
½ Tropfen Zimtblätteressenz	mischen.

Paßt gut zu Bratäpfeln, Crêpes, süßen Aufläufen und Souflés.

Ingwerbutter

5 Tropfen Ingweressenz	und
2 Tropfen Korianderessenz	
1 Prise Meersalz	mit
125 g Butter (Zimmertemperatur)	verrühren und kühlstellen.

Geeignet für rührgebratenes Gemüse, als Butterflöckchen über Reis, für asiatische Nudelgerichte und rote Linsen.

Cuminbutter (Kreuzkümmelbutter)

1 – 2 Tropfen Kreuzkümmelessenz	und
1 Prise Meersalz	mit
125 g weiche Butter	verrühren und kühlstellen.

Schmeckt vorzüglich zu Pellkartoffeln, Kartoffelgratins und Linsengerichten.

Englische Minzbutter

2 Tropfen Minzessenz	und
1 Tropfen Grüne Pfefferessenz	mit
100 g weicher Butter	verrühren, kühlstellen.

Paßt zu sommerlichen Gerichten wie junge Erbsen, Kartoffeln, Möhren und Hammel.

Cognac-Korianderbutter

3 Tropfen Korianderessenz	und
3 Tropfen Grüne Pfefferessenz	
2 Tropfen Orangenessenz	
1 – 2 EL Cognac	
1 TL milden Senf	mit
125 g Butter	im Mixer glattrühren.

Schmeckt hervorragend zu Rindfleisch, Steaks und kräftigen Gratins.

Käse-Walnussbutter

2 Tropfen Mandarinenessenz	und
1 Tropfen Pfefferessenz	
1 Prise Meersalz	mit
100 g weiche Butter	verrühren.

	Mit
25 g feingeriebenem Emmentaler Käse und	
250 g feingehackten Walnüssen	vermischen.

Sehr guter Brotaufstrich, in Kugeln ausgestochen dekorativ für Buffets und kalte Platten.

Kichererbsentatar

500 g Kirchererbsen	8 Stunden in ¾ l Wasser einweichen. In
¾ l Gemüsebrühe	40 – 50 Min. garkochen und anschließend pürieren.
1 feingeschnittene Zwiebel ½ TL Zimt-Würzöl 1 TL Koriander-Würzöl 1 TL Majoran-Würzöl ½ TL Nelken-Würzöl ½ TL Lorbeer-Würzöl	mit der Kichererbsen masse zu einer Paste verrühren.
1 TL Ahornsirup oder Honig Meersalz Pfeffer	Mit und abschmecken.

Sehr gut als Brotaufstrich, zu Picknicks und als Dip für kalte Platten geeignet.

Herzhafte Linsenpaste

1 Pfund rote Linsen ½ l Gemüsebrühe	in 15 Min. kochen und anschließend im Mixer pürieren.
1 EL Sesamöl 1 EL Bay-Würzöl	und

1 TL Lorbeer-Würzöl 1 TL Muskat-Würzöl 1 TL Ingwer-Würzöl 1 zerdrückte Knoblauchzehe	mit den pürierten Linsen zu einer Paste verrühren. Mit
Meersalz Cayennepfeffer	und abschmecken.

To-Qua-Pa-Pa

Ist kein indianischer Urgroßvater, sondern eine Paste aus Quark, Tomatenmark und Parmesankäse.

250 g Quark	mit
1 EL Tomatenmark	
1 EL geriebenen Parmesankäse	
1 EL Olivenöl	
1 TL Oregano-Würzöl	
1 TL O-sole-mio-Würzölmischung (S. 18)	
2 EL Hefeflocken	
Meersalz	und
Pfeffer	zu einer Paste verrühren.

Basilikum-Oliven-Käseaufstrich

200 g Frischkäse	mit
1 EL Sauerrahm	
1 EL Basilikum-Würzöl	
1 Tropfen Orangenessenz	und
1 Tropfen Minzessenz	verrühren.
1 Bund frisches Basilikum	feinwiegen und unter die Frischkäsemasse ziehen.

150 g schwarze Oliven	entkernen, kleinschneiden und mit dem Basilikum unter die Käsepaste ziehen.

Guacamole (mexikanische Avocadocreme)

1 reife Avocado	halbieren, den Kern entfernen, das Fruchtmark mit einem Löffel herausschaben und mit einer Gabel zu einer Paste zerdrücken.
100 g Crème fraîche 2 – 3 Tropfen Limettenessenz 1 TL Pfeffer-Würzöl 1 Prise Meersalz	mit und mit dem Avocadomark zu einer Paste verrühren.

Mit festem Frischkäse anstelle von Crème fraîche können mit dieser Paste sehr gut kalte Platten verziert werden. Auch als Dip für Cracker, Toast und Rohkost geeignet.

Schafskäseaufstrich

150 g Schafskäse	durch ein Sieb streichen.
100 g weiche Butter 100 g Joghurt 1 feingehackten Zwiebel frisch gemahlener Pfeffer 1 TL Kreuzkümmel-Würzöl 2 TL Basilikum-Würzöl	mit und verrühren.

Die Paste mit dem Schafskäse vermengen.

Ist ein gelungener Brotaufstrich und kann auch in gedünstetem Mangold oder mit Spinat als Vorspeise gereicht werden.

Für Unterwegs

Knusprige Sesamecken

für ca. 70 Stück

50 g Sesamsamen	in einer Pfanne unter Umrühren goldgelb rösten und kühlen lassen.

100 g Gruyère oder Emmentaler Käse reiben.

70 g weiche Butter	mit
3 Tropfen Korianderessenz	
2 Tropfen Grüne Pfefferessenz	und
2 Tropfen Zitronenessenz	in
1 EL trockener Weißwein	emulgieren.

	In die Masse
1 großes Ei	
½ TL Meersalz	
1 Prise Cayennepfeffer	unterrühren. Sesam und Käse dazugeben, alles kräftig miteinander vermischen.

100 g feingemahlenes Dinkelmehl unter die Masse kneten.

Den Teig ca. 20 Min. zugedeckt in den Kühlschrank stellen. Danach den Backofen auf 200 Grad vorheizen. Den Teig 3 mm dick ausrollen. Quadrate von 4 – 5 cm Seitenlänge ausrädeln und in Dreiecke teilen. Die Sesamecken auf ein gefettetes Backblech legen und auf der mittleren Schiene etwa 15 Min. hellgelb backen.

Dips und Saucen

Dips und Saucen

Dips und Saucen sind die Geheimnisse des gelungenen Küchenzaubers – wenn ein Gourmet ins Schwärmen kommt, ist meistens die Sauce der Anlaß. Ihre Aufgabe ist das Verbinden und Vermitteln; manchmal verschwindet die Sauce bei einem Gericht unauffällig in den Hintergrund, um bei einem anderen mit ihrer eigentlichen Würze zu brillieren.

In der Sauce liegt die Alchemie der Küche. Ihre Seele drückt sich vor allem in ihrem feinen, nuancenreichen, immer individuellen Aroma aus. Eingehüllt in eine Emulsion, den sogenannten Körper der Sauce, besteht ihr Geist allerdings aus reiner Luft. Denn erst die Fülle an Luft, die in eine Sauce eingebunden ist, verleiht ihr den unvergleichlich geschmeidigen Charakter mit dem typisch feinen und zarten Geschmack.

Eine Besonderheit in der Aromaküche bilden die fettfreien Gemüse- und Fruchtsaucen, die eine beliebte Alternative zu herkömmlichen Mehl- und Einbrennsaucen sind.

Fruchtsaucen – leicht, fettfrei und bekömmlich

Orangenjus

1 EL Akazienhonig	mit
5 Tropfen Orangenessenz	und
1 Tropfen Korianderessenz	emulgieren.

Mit 1 EL Capri-Würzölmischung (S. 18) in der Pfanne leicht erwärmen.

300 ml frischen Orangensaft	dazugießen und aufkochen lassen.

1 TL Kuzu oder Pfeilwurzelmehl in 1 EL Marsalawein auflösen und kurz vor dem Aufkochen des Orangensaftes unter ständigem Rühren dazugeben. Mit dem Schneebesen weiterrühren und leicht aufköcheln lassen, bis die Orangenjus abgebunden und zugleich klar und durchsichtig geworden ist.

1 kräftige Prise Salz	zum Abschmecken.

Paßt gut zu Karottengerichten, als Saucenspiegel für Dinkelschrot und leichte Sommergemüse.

Rote-Bete-Jus mit Cardamom

1 EL Akazienhonig	mit
2 Tropfen Grüner Pfefferessenz	
2 Tropfen Cardamomessenz	und
1 Tropfen Korianderessenz	emulgieren. Mit

1 EL Capri-Würzölmischung (S. 18) in der Pfanne leicht

	erwärmen.
300 ml Rote-Bete-Saft	dazugießen und aufkochen lassen.
1 TL Kuzu oder Pfeilwurzelmehl	in
1 EL Sojasoße	auflösen und kurz vor

dem Aufkochen des Rote-Bete-Safts unter ständigem Rühren dazugeben. Mit dem Schneebesen weiterrühren und leicht aufköcheln lassen, bis die Rote-Bete-Jus abgebunden und zugleich klar und durchsichtig geworden ist.

1 leichte Prise Salz	zum Abschmecken.

Paßt gut zu Rote Bete, als Saucenspiegel für Kartoffelgerichte, Gratins und wilden Reis.

Diese Art der Frucht- und Gemüsesaucenzubereitung kann auch mit Apfel-, Birnen-, Tomaten- oder Karottensaft und viele weiteren Säften variiert werden.

Kalte Dips für heisse Tage

Belebend frische Joghurtsauce (Variante 1)

1 EL Capri-Würzölmischung (S. 18) und	
1 TL Petersilie-Würzöl	mit
1 EL Hefeflocken	im Würzöl aufschlagen.
200 g Joghurt	löffelweise dazugeben und glattrühren. Mit
1 TL Sojasauce	abrunden und kräftig durchmischen.

Sie können die Joghurtsauce mit frisch gehackten Kräutern verzieren.
Paßt gut zu sommerlichen Gemüsegerichten, Hirseauflauf, leichten Getreidegerichten; auch als Salatdressing geeignet.

Italienisches Cremejoghurtdressing (Variante 2)

1 EL O-sole-mio-Würzölmischung	(S. 18) und
1 TL Pfeffer-Würzöl	mit
1 EL Dinkelflocken	im Würzöl aufschlagen.
200 g Cremejoghurt	löffelweise dazugeben und glattrühren.
	Mit
wenig Kräutersalz	und
1 – 2 Tropfen Zitronenessenz	abrunden und kräftig durchmengen.

Mayonnaise-Ersatz aromatischer Cremejoghurt

Als Ersatz für eine selbstgemachte Mayonnaise aus Eiern nehmen Sie das Grundrezepte aus Variante 1 oder 2 und reduzieren alle Zutaten um die Hälfte. Mit dem Schneebesen schlagen Sie tropfenweise noch etwas Distel-, Sonnenblumen- oder Olivenöl ein. Verdünnen Sie zwischendurch mit Zitronensaft.

Minzcremejoghurt

1 kräftiger Stengel Minze	waschen und kleinhakken.
200 g Mayonnaise-Ersatz	unterheben.
2 Tropfen Grüne Pfefferessenz	und
5 Tropfen Minzessenz	zum Abschmecken.

Diese Variante kann auch mit echter Mayonnaise hergestellt werden. Serviervorschlag: Die Creme mit frischen Minzblättern und 1 EL Mandelstifte garnieren und zu kalten Platten, Rohkostschnitten, Fondue, Roastbeef und diversen gedünsteten Gemüsen an heißen Sommertagen reichen.

Thai-Dressing

5 EL Sojasauce 2 Tropfen Ingweressenz 1 Tropfen Korianderessenz 1 Tropfen Lemongrassessenz	mit und emulgieren. Mit-
5 EL Wasser 1 EL Sesamöl	verdünnen und dazumischen.

Passend zu Frühlingsrollen, gebratenen Wan Tans (asiatische Nudeltaschen), als Salatsauce für Möhrensalat, garniert mit geröstetem Sesam.

Minz-Mayonnaise

1 kräftiger Stengel Minze	waschen und kleinhakken.
200 g Mayonnaise	unterheben.
2 TL Pfeffer-Würzöl 5 Tropfen Minzessenz	und zum Abschmecken.

Mit frischen Minzblättern und 1 EL Mandelstiften garnieren.

Reichen Sie die Mayonnaise zu kalten Platten, Fondue, zu Roastbeef und diversen gedünsteten Gemüsen an heißen Sommertagen.

Basilikum-Mayonnaise

2 Eigelbe	mit dem Mixer aufschlagen.
3 TL Estragon-Senf * 1 EL Zitronensaft 1 TL Pfeffer-Würzöl 2 TL Basilikum-Würzöl 2 Tropfen Zitronenessenz 1 Tropfen Clementinenessenz	und dazugeben und mit
etwas Meersalz 1 EL Wasser	vermischen.
125 ml Oliven-, Distel- oder Sonnenblumenöl	erst tropfenweise, dann im dünnen Strahl unterrühren, bis eine dickflüssige Mayonnaise entsteht.

* *Herstellung von Estragon-Senf:*

50 g Senf	mit
5 Tropfen Estragonessenz	emulgieren.

Bunte Tupfer für Salate, Cracker und Brote

Frischkäse – aromafein (Variante 1)

100 ml Sahne	steifschlagen.
150 g Frischkäse	mit der Sahne verrühren.
Salz 1 kräftige Prise Currypulver 3 Tropfen Grüne Pfefferessenz 1 EL Euro-Asia-Würzölmischung (S. 20)	und zum Abschmecken.
1 EL gehackte Mandeln	in der Pfanne rösten und unterziehen.

Serviervorschlag: Spritzbeutel mit großer Tülle nehmen, mit der Creme füllen und auf Cracker, geviertelte Toastscheiben oder kleine Brötchen spritzen. Mit gerösteten Mandeln, frisch gehackten Kräutern oder Sprossen garnieren.

Frühlings-Fit-Frischkäse (Variante 2)

Dieselbe Grundmenge wie bei Frischkäse – aromafein verwenden, lediglich die aromatische Mischung ändern.

1 Handvoll frische Kräuter oder Bärlauch (je nach Jahreszeit)	hacken.
2 EL Sesamsamen	in der Pfanne rösten und in die Creme unterziehen.
etwas Salz	

schwarzer Pfeffer und
1 EL Dill & Co.-Würzölmischung (S. 19) zum Abschmecken.

Serviervorschlag: Spritzbeutel mit großer Tülle nehmen, mit der Creme füllen und auf Cracker, geviertelte Toastscheiben oder kleine Brötchen spritzen. Mit gerösteten Mandeln, frisch gehackten Kräutern oder Sprossen garnieren.

Roquefort-Dip pikant

100 g Roquefort mit der Gabel zerdrücken. Mit

200 g Crème fraîche
oder wahlweise Joghurt vermischen.

1 EL Portwein mit
3 Tropfen Grüne Pfefferessenz
1 Tropfen Bayessenz
1 EL Euro-Asia-Würzölmischung (S. 20) innig verrühren.

1 EL gehackte Walnüsse unterziehen.

Ein Dip für alle Gelegenheiten.

Grüne Sauce Aromatika

Die berühmte Grüne Soße aus Frankfurt wird im Originalrezept mit selbstgemachter Mayonnaise angerührt. Sieben klassische Kräuter gehören dazu: Petersilie, Schnittlauch, Dill, Kerbel, Boretsch, Sauerampfer und Pimpinelle.

Hier eine leichte Variante mit feinem Aroma:
2 EL Dill & Co.-Würzölmischung (S. 19) mit
1 Handvoll frischen Kräutern je nach Jahreszeit wiegen und mit dem Würzöl vermengen.

2 – 3 Tropfen Zitronenessenz 1 Tropfen Grapefruitessenz	und wahlweise in die Kräuterwürzölmischung einrühren.
250 g Joghurt 250 g Sauerrahm	und dazugeben und innig miteinander verrühren.
2 – 3 Eier	hartkochen, in kleine Würfel schneiden und unter die Sauce ziehen.

Grüne Sauce paßt hervorragend zu Pellkartoffeln oder zu gekochtem Rindfleisch.

Apfelmeerrettich-Dip

300 g frische Meerrettichstangen	schälen und auf der Küchenreibe feinschaben.
1 säuerlichen, mittelgroßen Apfel	ebenfalls reiben.
Saft ½ Zitrone	darüberträufeln.
1 Prise Rohrzucker etwas Salz	und gut mit der Meerrettichapfelmasse vermengen.
250 ml Sahne	steifschlagen und mit
3 Tropfen Zitronenessenz 2 Tropfen Orangenessenz 1 Tropfen Grüne Pfefferessenz	und abrunden und behutsam unterziehen. Mit der restlichen Masse vermischen.

Gut für frische Rohkostplatten, verdünnt auch als Salatsauce, zu geräuchertem Lachs, Roastbeef, Tafelspitz und Schinkenröllchen geeignet.

Bärenstarker Bärlauchquark

30 g Butter (Zimmertemperatur)	mit
1 Prise Salz	und
1 EL Brennesselsenf (oder anderem Senf)	schaumig schlagen,
1 TL Hefeflocken	unter ständigem Rühren einstreuen.
250 g Quark	löffelweise einarbeiten, bis die Masse luftig und homogen ist.
1 TL O-sole-mio-Würzölmischung (S. 18) 5 EL geschnittener Bärlauch 2 Tropfen Zitronenessenz 3 Tropfen Grapefruitessenz	und
etwas Zitronensaft	untermischen und abschmecken.

Serviervorschlag: Spritzbeutel mit großer Tülle nehmen, mit der Creme füllen und auf Cracker, geviertelte Toastscheiben oder kleine Brötchen spritzen. Mit gerösteten Mandeln, frisch gehackten Kräutern oder Sprossen garnieren.

Tomatenjoghurt

1 mittlere Zwiebel	sehr klein schneiden.
1 Knoblauchzehe	in
1 kräftigen Prise Salz	zerdrücken. Mit
1 EL Basilikum-Würzöl	mit
1 EL O-sole-mio-Würzölmischung (S. 18)	

150 g Tomatenmark etwas Salz 1 Prise schwarzer Pfeffer 1 EL frisches Basilikum 300 g Joghurt	hacken, mit allem und gut vermengen.

Den Tomatenjoghurt mit frischen Basilikumblättern garnieren. Passend zu Rohkost, Nudelgerichten, leichten Sommergemüsen und als Dip für Fondues.

TOMATENMINZSAUCE (WARM)

300 g Tomatenmark	kurz aufköcheln lassen.
30 g Butter 200 g Sauerrahm	mit dem Schneebesen nach und nach einrühren, unterheben und kurz weiterköcheln lassen.
2 TL Zitronensaft 3 Tropfen Minzessenz 1 TL Akazienhonig	und in einrühren.
Salz Pfeffer	und zum Abschmecken.

Die Sauce mit frischen Minzblättern garnieren.
Die Tomatenminzsauce kann auch mit Rosmarin-, Thymian- oder O-sole-mio-Würzölmischungen variiert werden. Paßt gut zu Nudelgerichten, Zucchinigemüse, Bratlingen und diversen Fleischgerichten.

Reizvolle Zitrussauce

100 g Vollkornreis 100 ml trockenem Weißwein 100 ml Gemüsebouillon	mit und aufkochen und 30 Minuten ziehen lassen. Die Masse in den Mixer heiß einfüllen und sofort pürieren.
50 g Butterwürfel	(auch aromatisierte) nach und nach dazugeben und sofort mixen.
1 TL Akazienhonig und wahlweise 1 TL Clementinen-Mandarinen-Sirup (S. 22) 1 EL Capri-Würzölmischung (S. 18) und 2 – 3 Tropfen Grüne Pfefferessenz etwas Sahne oder Sesamöl	zur Geschmacksverstärkung in emulgieren.
1 kräftigen Schuß Orangensaft 1 Schuß Zitronensaft Salz Pfeffer	und hinzufügen, mit und abschmecken.

Reizvoll zu frischem Sommergemüse, Quiches, Überbackenem, zu feinem Kalbfleisch und Getreide-Burgern. Die Sauce kann auch mit anderen Getreidearten und Würzölmischungen beliebig variiert werden.

Orangen-Dattel-Chutney

250 g unbehandelte Orangen	Schale abreiben und zur Seite stellen. Die Orangen filetieren, entkernen und fein würfeln, dazu

200 g Zwiebeln	feinhacken,
250 g Datteln	entkernen, feinschneiden und mit
250 g Rosinen	mischen.

100 g Akazienhonig	mit
15 Tropfen Orangenessenz	
5 Tropfen Limettenessenz	
3 Tropfen Galgantessenz	
1 Tropfen Nelkenessenz	und
1 Tropfen Lemongrassessenz	emulgieren.

Orangenstücke, Datteln und Rosinen mit der Hälfte des aromatisierten Honigs vermischen, die Hälfte der Orangenschalen dazugeben und 1 Stunde ruhen lassen.

250 g Akazienhonig	mit
0,75 ml Weinessig	im Edelstahltopf zum

Kochen bringen, mit dem Schneebesen rühren, bis sich der Honig gelöst hat. Die vorbereitete aromatisierte Orangen-Dattelmasse unterheben und bei schwacher Temperatur noch eine halbe Stunde leicht köcheln lassen.

Den Rest des aromatisierten Honigs in das Chutney einrühren, in vorgewärmte, sterilisierte Weckgläser abfüllen und sofort verschließen. An einem dunklen Ort aufbewahren.
Serviervorschlag: zu Fondues, aromagegartem Gemüse, Currygerichten; klassisch in der indischen Küche zu Fleisch, Geflügel, Fisch.

Pesto nach Genueser Art

250 g Parmesankäse 50 g pfeffriger Peccorino	und in eine Schüssel reiben.
125 g frischer Schafskäse 100 ml nativem Olivenöl	mit einer Gabel zerdrük- ken und dazugeben. Al- les zusammen im Mixer unter ständiger Zugaben von verquirlen.
1 Bund frisches Basilikum 3 Stengel glatte Petersilie 2 – 3 Blätter Spinat	 und feinwiegen.
 50 g Pinienkernen 1 zerdrückten Knoblauchzehe	Mit und in die Käse-Öl-Masse einarbeiten.
3 EL Basilikum-Würzöl 1 TL Petersilie-Würzöl 5 Tropfen Zitronenessenz 1 Tropfen Muskatessenz	 emulgieren und unter mischen.
 ½ Zitrone schwarzem Pfeffer	Mit dem Saft und abschmecken.

Kein Salz dazugeben, da im Käse genug enthalten ist.
In einem Schraub- oder Weckglas im Kühlschrank aufbewahrt, können mit dem Pesto diverse Nudelgerichte, Fleisch und selbst Fischgerichte wie Lachs himmlisch abgerundet werden.

Pikante Kürbispickles in Ingwer-Lorbeersud

2 kg Kürbis 1 EL Ingwer-Würzsalz *	in Würfel schneiden, mit vermischen und 1 Stunde ziehen lassen.

In der Zwischenzeit einen aromatisierten Honig herstellen:

250 g Akazienhonig	mit
2 EL Lorbeer-Würzöl	
7 Tropfen Grüne Pfefferessenz	
5 Tropfen Orangenessenz	
2 Tropfen Nelkenessenz	und
1 Tropfen Zimtrindenessenz	emulgieren und zur Seite stellen.

250 ml Weinessig	und
400 ml Wasser	vermischen, die eingelegten Kürbiswürfel einmal aufkochen lassen.

Von der Flamme ziehen, den aromatisierten Honig einrühren und sofort in sterile Gläser abfüllen, auf den Deckel Alkohol tropfen, anzünden und sofort auf das Glas schrauben. Das Eingelegte muß fingerbreit mit Sud bedeckt sein.

* *Herstellung von Ingwer-Würzsalz:*

10 Tropfen Ingwer	in ein Schraubglas tröpfeln, Glas drehen, so daß die Wand benetzt wird,
100 g Meersalz	einfüllen, und kräftig schütteln.

Rosenessig

Aromatisierter Essig macht Mikroben miese Laune!

100 g ungespritzte Rosenblütenblätter in	
1 Flasche Weinessig	geben.
	In die Flasche
1 Tropfen Muskatessenz	
1 Tropfen Korianderessenz	
1 Tropfen Rosenessenz	und
3 Tropfen Fenchelessenz	hineinträufeln, kräftig schütteln.

Die Flasche luftdicht verschließen und etwa drei Wochen an einem sonnigen Ort stehenlassen oder 4 Wochen an einem warmen Ort lagern.

Das Rezept kann mit Estragon-, Thymian-, Majoran-, Lorbeer-, Bay- oder anderen Kräuter- und Würzessenzen Ihrer Wahl beliebig variiert werden.

Vinaigrette

1 Schalotte	feinhacken.
	Mit
2 EL Weinessig	und
5 EL Olivenöl	mit
1 EL O-sole-mio-Würzölmischung	(S. 18)
2 Tropfen Grüne Pfefferessenz	emulgieren.
2 EL Gemüsebrühe	darunterrühren. Die Vinaigrette kann mit
1 EL gewiegten Kräutern	verfeinert werden.
etwas Meersalz	und
Rohrzucker	zum Abschmecken.

FRÜHSTÜCKSGERICHTE

FRÜHSTÜCKSGERICHTE

MÜSLI FÜR FRÜHSTÜCKSGÄSTE

200 g Sauerrahm	
200 ml Sahne	
2 Tropfen Vanilleessenz	
2 Tropfen Orangenessenz	
1 Tropfen Grapefruitessenz	
1 Tropfen Bergamotteessenz	
1 EL Honig	und
2 EL Mandelmus oder Haselnußmus	vermischen.

4 EL grobe Haferflocken	
4 EL Dinkelflocken	
2 Tassen Cornflakes	
2 EL Weizenkeime	
1 EL Rosinen	
1 geschnittene Banane	
1 geschnittener Apfel oder Birne	
1 EL geröstete Kokosflocken	und
1 EL gerösteter Sesam	zu einem Müsli mischen und in Frühstücksbols servieren.

Gekochtes Dinkelschrot mit Ingwer und Zimt für kalte Tage

100 g Dinkelschrot	mit
1 Prise Meersalz	weichkochen.

3 TL Clementinen-Mandarinen-Orangenhonig (S. 22) in

100 ml Sahne	unterziehen mit dem Weizenschrot vermischen.

Frischkornmüsli

3 EL Weizenschrot	über Nacht in Wasser einweichen,
1 TL Honig	mit
1 – 2 Tropfen Mandarinenessenz	emulgieren und mit
2 EL groben Haferflocken	
200 g Sauerrahm oder Joghurt	
1 EL gehackten Nüssen	unter das Weizenschrot ziehen.

Nussmusmüsli mit Bergamotte

1 EL Honig	mit
1 Tropfen Kakaoessenz	
2 Tropfen Vanilleessenz	und
2 Tropfen Bergamotteessenz	emulgieren und mit
2 EL groben Haferflocken	
1 EL Dinkelflocken	
2 EL Haselnußmus	und
200 g Joghurt	mischen.

Griessbrei mit Mandarinenflavour

100 g Vollkorngrieß	in
200 ml Wasser oder Milch	kochen.

3 EL süße Sahne	mit
2 Tropfen Kakaoessenz	
1 Tropfen Grüne Mandarinenessenz	
2 Tropfen Rote Mandarinenessenz	emulgieren.

Die aromatisierte Sahne in den gekochten Grieß einrühren und nach Belieben mit

etwas Honig	süßen.

Kann mit gerösteten Mandeln serviert werden.

Süsse Pfannkuchen

200 g Dinkelmehl	mit
3 Eigelbe	
$^1/_8$ l Milch	
1 Prise Kräutersalz	und
1 EL gemahlenen Haselnüssen	gut verrühren.

2 EL Honig	mit
3 Tropfen Vanilleessenz	
2 Tropfen Zitronenessenz	emulgieren und dazu
3 Eiweiße	schaumig schlagen und unter den Teig ziehen.

Die Pfannkuchen in Butter beidseitig ausbacken.

Aromatisierte Joghurts

Die Joghurts passen sehr gut zu warmem Obst und Kompott.

Mandarinenjoghurt

1 TL Honig oder Ahornsirup	mit
1 – 2 Tropfen Mandarinenessenz	und
1 Tropfen Honigessenz	emulgieren und mit
150 g Joghurt	innig mischen.

Grapefruitjoghurt

1 TL Honig oder Ahornsirup	mit
2 Tropfen Grapefruitessenz	und
1 Tropfen Vanilleessenz	emulgieren und mit
250 g Joghurt	innig mischen.

Orangenjoghurt mit Safran

1 EL Honig oder Ahornsirup	mit
2 Tropfen Orangenessenz	
1 Tropfen Vanilleessenz	
1 Tropfen Bergamotteessenz	und
1 Messerspitze Safranpulver	emulgieren und mit
300 g Joghurt	innig mischen.

DESSERTS

Desserts

Mandelquark mit Birnen

100 ml Sahne	mit
1 Eigelb	
1 EL Honig	
1 EL Mandelmus	
3 Tropfen Vanilleessenz	und
1 Tropfen Zimtrindenessenz	im Mixer aufschlagen und mit
250 g Quark	mischen.
	Mit
3 kleingeschnittenen Birnen	und mit
1 EL Rumrosinen	kräftig vermengen und ziehen lassen.

Orangenflan

4 Eier	mit
¼ l Milch	
3 EL Sahne	
3 EL Honig	
4 Tropfen Vanilleessenz	und
5 Tropfen Orangenessenz	gut verquirlen.

Die Masse in 4 kleine Auflaufförmchen füllen. Bei 120 Grad im Ofen ca. 40 Min. backen, bis die Masse gestockt ist.

Obstsalat

2 Apfelsinen 2 Äpfel 2 Birnen 1 Banane 1 EL Rosinen 1 EL gerösteten Mandelsplittern	und kleinschneiden und mit und vermengen.
200 g Sauerrahm 100 ml Sahne 2 EL Akazienhonig 3 Tropfen Vanilleessenz 2 Tropfen Orangenessenz 1 Tropfen Bergamotteessenz	mit und verrühren und unter das Obst mischen.

Zabaione Ingwer-Orange

7 Eigelbe 4 EL Ahornsirup 3 Tropfen Orangenessenz 1 Tropfen Ingweressenz	und im warmen Wasserbad zu einer schaumigen Creme schlagen.
1 Tasse Muskatellerwein	nach und nach zugeben, im heißen Wasserbad auf kleiner Flamme mit dem Schneebesen in einer Acht weiterrühren, bis die Flüssigkeit cremig wird.

Nach kurzem Abkühlen nochmals kräftig schaumig schlagen, in Dessertschälchen füllen und abkühlen lassen. Paßt gut zu Grießflammeri oder Birnenkompott.

Erdbeerpfeffer karamelisiert

500 g frische Erdbeeren	vierteln,
100 g Akazienhonig oder Ahornsirup mit	
5 Tropfen Grüne Pfefferessenz	und
3 Tropfen Vanilleessenz	emulgieren und in der Pfanne kurz anwärmen.

Die Erdbeeren glasieren, sofort in Dessertschälchen füllen und mit einer Sahnehaube servieren.

Erdbeerpfefferquark

500 g frische Erdbeeren	vierteln,
150 g Sauerrahm	und
250 g Quark	gut vermischen.

150 g Akazienhonig oder Ahornsirup mit	
4 Tropfen Vanilleessenz	
2 Tropfen Orangenessenz	
2 Tropfen Grüne Pfefferessenz	und
1 Tropfen Cardamomessenz	emulgieren und unter die Quarkmasse ziehen.

Nach Belieben mit Wasser, Schwedenmilch, Sojamilch oder Milch verdünnen, dann die Erdbeeren unterheben.

Mango-Limettenspiegel

1 reife geschälte Mango	grob schneiden, im Mixer pürieren und durch ein Sieb passieren.
3 EL Akazienhonig 3 Tropfen Limettenessenz 1 Tropfen Korianderessenz 100 ml Mangosaft	mit und emulgieren, mit der Mango verrühren und mit verdünnen.

Ist für Mousse, Cremes, Eis, Parfait oder Puddings als Saucenspiegel geeignet.

Rosenblütencreme

150 ml Sahne	schlagen.
150 g Frischkäse 3 Tropfen Vanilleessenz ½ Tropfen Rosenessenz	in die Sahne unterziehen und mit und emulgieren.
2 Eigelbe 2 EL Akazienhonig 300 g Joghurt	mit mit dem Handmixer schaumig schlagen und unterziehen.
2 Eiweiße 1½ EL gelöste Gelatine 1 EL Rosenwasser	steif schlagen. kalt in die Eigelbmi- schung rühren, rasch einrühren, die aromati- sierte Sahne-Frischkäse-

mischung und danach den Eischnee hinzufügen.

In Schälchen oder eine Form geben. Vor dem Servieren mehrere Stunden kalt stellen. Die Rosenmasse kann auch geeist mit ungespritzten Rosenblüten serviert werden.

Beerenkirschkaltschale

mit Johannisbeersaft oder aromatisiertem Rotwein

500 g Kirschen	waschen und entsteinen.
350 g Johannisbeeren	waschen und abzupfen.
350 g Himbeeren	vorsichtig waschen und die Hälfte der Beeren im Mixer kurz pürieren.
1 ungespritzten Zitrone	Den Saft in das Püree mischen und kaltstellen.
150 g Akazienhonig 5 Tropfen Clementinenessenz 3 Tropfen Vanilleessenz 2 Tropfen Bergamotteessenz 1 Tropfen Cardamomessenz	mit und emulgieren und die Kirschen und restlichen Beeren darin marinieren und ebenfalls kaltstellen.
0,5 l Rotwein 2 EL Kuzu (Pfeilwurzelmehl) 5 Tropfen Orangenessenz	leicht erhitzen, davon 2 EL abnehmen und darin anrühren und mit emulgieren.

Die angerührte Speisestärke in den Rotwein einrühren und kurz aufkochen lassen, das Fruchtpüree und die marinierten Kirschen und Beeren im Rotwein mischen und mindestens 3 Stunden kaltstellen.

Anstelle von Rotwein kann Johannisbeersaft verwendet werden. Mit frischen Beeren die Schalen dekorieren.

Vanilleeis

3 Eiweiß	steif schlagen,
250 ml Sahne	steif schlagen.
1 EL Akazienhonig	langsam in die Sahne rühren.
3 Eigelb	nacheinander unter Rühren dazugeben,
1 TL Akazienhonig	mit
5 Tropfen Vanilleessenz	und
½ TL Vanillepulver	mischen und alles mit einander vermengen.

Die Masse in ein Gefäß füllen und mindestens 3 Stunden im Tiefkühlfach frierenlassen.
Sie können jede Geschmacksrichtung mit anderen Essenzen wählen, beispielsweise Kakao, Cardamom und alle Zitrusöle.

Rosen-Neroliparfait

6 Eigelbe	im Wasserbad schaumig schlagen.
200 g Akazienhonig	mit
1 – 3 Tropfen Rosenöl	und
1 EL Orangenblütenwasser	emulgieren.

Das Eigelb aus dem Wasserbad nehmen, nach und nach den Rosenhonig unterrühren und abkühlen lassen.

0,5 l Sahnesteif	schlagen und unter die Rosenmasse heben.

In eine Auflaufform gießen und gefrieren lassen.

Serviervorschlag: Die Form in heißes Wasser tauchen, stürzen und auf einem „Rosenbett" mit frischen oder getrockneten Rosenblüten arrangieren.

Glace de Lavende – Lavendeleis

1 EL frische Lavendelblüten	wenn vorhanden, ansonsten in
2½ EL Muskatellerwein, Dessertwein oder Sekt	
2 EL Lavendelhydrolat (-wasser)	oder
1 Tropfen Lavendel fein-Essenz	geben und ca. ½ Std. an einem warmen Ort ziehen lassen.
250 g Mascarpone	mit
250 g Sauerrahm	aufschlagen. Die Masse soll noch cremig sein.
	Den Wein mit den abgesiebten Blüten langsam unterziehen und
50 g Ahornsirup oder Honig	daruntermischen.
2 Eiweiße	steifschlagen.
50 g Ahornsirup oder Honig	mit
5 Tropfen Lavendel fein-Essenz	und
1 Tropfen Vanilleessenz	emulgieren, nach und nach unter das Eiweiß ziehen und in Mascarpone-Sauerrahm-Masse unterheben.

Die Mischung in eine Schale füllen und gefrieren lassen. Mit Lavendelblüten garnieren.

Getränke

Getränke

Milchmixgetränke

Mandarinen-Milchmixgetränk

1 – 2 Tropfen Mandarinenessenz	mit
1 EL Ahornsirup	vermengen, mit
½ l Milch	im Mixer verrühren.

Bananen-Milchmixgetränk mit Zimtaroma

1 Tropfen Zimtblätteressenz	mit
1 EL Ahornsirup	vermengen, mit
1 Banane	und
½ l Milch	im Mixer verrühren.

Alle Zitrusessenzen sind verrührt mit Ahornsirup oder Honig und eignen sich sehr gut für Milch und Mixgetränke.

Schwedenmix

1 – 2 EL Sahne	mit
2 – 3 Tropfen Vanilleessenz	
1 – 2 Tropfen Kakaoessenz	und

1 – 3 Tropfen Clementinenessenz emulgieren, und mit 500 ml Schweden- oder Buttermilch im Mixer verrühren oder portionsweise im Shaker gut mixen und in Gläsern servieren.

Feen-Nektar

200 ml Sahne	steifschlagen.
	Mit
1 Tropfen Vanilleessenz	
2 Tropfen Limettenessenz	
2 Tropfen Kakaoessenz	
2 EL Ahornsirup	emulgieren, mit
500 ml Schwedenmilch	zu einem Getränk mixen.

Lassi – erfrischende Joghurt-Getränke aus Indien

Zitronen-Lassi

500 g Joghurt	und
¼ l Wasser	im Mixer verrühren.
3 Tropfen Zitronenessenz	
3 Tropfen Pampelmusenessenz	
1 Tropfen Vanilleessenz	in
1 EL Crème fraîche	verrühren und mit dem Joghurt vermischen.

Gut gekühlt servieren.

Rosen-Lassi mit Safran

500 g Joghurt
¼ l Wasser
1 EL Crème fraîche
¼ l Rosenwasser
5 EL Honig oder Ahornsirup und
2 Messerspitzen Safran vermischen.

Drinks

Vitamindrinks mit Obst, Gemüse, Buttermilch, Milch und Sojamilch sind eine direkte Erholung für Ihre Gesundheit und „Tankstelle" für den Vitaminbedarf.

Traum Team

500 ml Orangensaft
250 ml Grapefruitsaft
250 ml Aprikosensaft
3 EL Melissen-Ingwersirup (S. 28) und
1 TL gehackte Zitronenmelisse in einem Mixer kurz mit oder ohne Eiswürfel mixen und in Longdrinkgläser füllen.

Happy Summertime

500 ml Orangensaft
200 ml Grapefruitsaft
200 ml Ananassaft
300 ml kalter Früchtetee und
5 EL Clementinen-Mandarinen-Orangensirup innig vermischen und in langstielige Gläser füllen.

Mit 1 Orangenscheibe pro Glas dekorieren und servieren.

Früchteerlebnis

500 ml Buttermilch
250 ml Pfirsichsaft
250 g frische Himbeeren und
5 EL Ahornsirup Tropica (S. 24) dazugeben, im Mixer kräftig pürieren.

2 Eiswürfel in je ein Longdrinkgläser füllen und mit der Fruchtbuttermilch aufgießen.

Mit
½ TL gehackten Pistazienkernen je Glas bestreuen.
Das Rezept kann mit verschiedenen Früchten variiert oder verändert werden.

The Big Apple

500 ml Soja- oder Reismilch
500 ml frischer Apfelsaft
200 ml frischer Orangensaft
100 ml Ananassaft
5 EL Kakao-Kokos-Limettensirup (S. 23) und
10 Eiswürfel im Mixer kurz aufmixen.

In Longdrinkgläser gießen und jedes Glas mit
1 Apfelspalte dekorieren.

Kräuter-Sprossen-Shake

500 ml Buttermilch oder Schwedenmilch
100 ml Sojamilch
100 ml Karottensaft
1 EL gehackte Petersilie
2 EL Weizengras und

5 EL Sprossen (Kresse, Alfalfa)	im Mixer kurz anmixen.

2 Tropfen Limettenessenz	
3 Tropfen Grüne Pfefferessenz	und
1 TL Capri-Würzölmischung (S. 18)	in
1 EL Akazienhonig	emulgieren und innig

mit den übrigen Zutaten verrühren.

Vor dem Servieren können Sie das Getränk kühlen. Wenn Sie den Glasrand der Longdrinkgläser zuvor mit Zitronensaft anfeuchten und dann in gehackte Petersilie tauchen, ergibt das einen schönen Effekt. Die Gläser 30 Minuten in das Eisfach stellen und den Kräuter-Sprossen-Shake in die geeisten Gläser füllen.

Karotten-Orangen-Power

500 ml Karottensaft	und
200 ml Soja- oder Reismilch	mischen.

5 Tropfen Orangenessenz	
2 Tropfen Rote Mandarinenessenz	
1 Tropfen Grüne Pfefferessenz	in
50 ml Sahne	und
1 TL Akazienhonig	emulgieren und mit dem Saft innig vermischen.

Gekühlt in langstieligen Gläsern servieren und mit jeweils 1 Minzblatt garnieren.

Cocktail unter Palmen

Saft von 2 Orangen	und den
Saft ½ Zitrone	mit
1 TL Grenadine	
1 Tropfen Pfefferminzessenz	
1 Eigelb	und
zerkleinertem Eis	vermischen.

In 2 Cocktailgläser füllen und mit Pfefferminzblättchen garnieren.

Orangen-Limetten-Limonade

Saft von 7 Orangen	mit
1 l natriumarmen Mineralwasser	vermischen.

150 ml Ahornsirup	mit
10 Tropfen Orangenessenz	
5 Tropfen Limettenessenz	
2 Tropfen Vanilleessenz	und
2 Tropfen Kakaoessenz	verrühren.

Den aromatisierten Ahornsirup mit dem Orangen-Limonadenwasser mixen.

Mandarinenblüte

50 ml Ahornsirup	mit
6 Tropfen Mandarinenessenz	
2 – 3 Tropfen Clementinenessenz	
1 – 2 Tropfen Honigessenz	
4 Eigelbe	

125 ml Sahne	
1 Tropfen Vanilleessenz	und
1 Tropfen Kakaoessenz	gut vermischen.

Mit
500 ml frischgepreßtem Pampelmusensaft und
250 ml schwarzem Johannisbeersaft mixen.

5 frische Mandarinen	mit
etwas Wasser	einige Minuten einkochen und abkühlen lassen.

Je 1 EL Mandarinenmus mit
Eiswürfeln in die Gläser geben und den gemixten Saft darübergießen.

Mit frischen Mandarinenstückchen und Kakaopulver garnieren.

Rosenapfelsaft à la Dietrich

1 l Apfelsaft	mit
1 Tropfen Rosenessenz	innig verschütteln.

Gekühlt serviert ein rosiger Durstlöscher für alltägliche Gelegenheiten.

Rosenwasser

1 l abgekochtes Wasser	mit
2 Tropfen Rosenessenz	versehen, in eine Flasche füllen, verschließen und kräftig schütteln.

Für Dessert, diverse Getränke und Marzipanzubereitung.

Eine Duftspur durch die Geschichte der „edlen Geister"

Vom chinesischen Aphrodisiakum bis zum stärkenden Melissengeist der Karmeliternonnen

Parfümierte Getränke weisen eine alte Tradition auf. Vermutlich aromatisierten die Chinesen schon vor über 7000 Jahre ihre Weine und Speisen. Der konservierende und desinfizierende Aspekt von Lebensmitteln und Getränken durch ätherische Öle war zunächst auch die wichtigste Aufgabe in der Küche und der Medizinherstellung. Ihre aphrodisierende Wirkung, wie beispielsweise die der Rose und Myrte, blieb jedoch nicht lange unbekannt und verlieh den ätherischen Ölen den besonderen Ruf, Lebenselexierere zu sein.

Rund 5000 Jahre später entdeckten auch die Römer, bekannt für ihre raffinierte Kochkunst, die belebende Wirkung von ätherischen Ölen. Noch heute werden Met und Honigwein gerne als stärkende Mittel getrunken. Der französische Feinschmecker Brillat Savarin lobte in seinem im 18. Jahrhundert erschienenen Buch „Physiologie des guten Geschmacks" die ausgefeilte Kunst der Weinkonservierung, die von den Römern angewandt wurde.

Mit der Erfindung der Kühlschlange, die auf den arabischen Gelehrten Avicenna (980 – 1037 n. Chr.) zurückgeht, begann eine Renaissance der Destillierkunst: Ätherische Öle wurden in bis dahin nicht gekanntem Ausmaß hergestellt. Unter Avicennas Einfluß erblühten die Schule von Salerno in Süditalien und die Universitäten von Cordoba, Granada und Sevilla in Südspanien, die zu Stätten der hermetischen

Kunst der Alchemie wurden und die Anfänge der neuen *Aromakultur* im Abendland bildeten. Mit der Zeit gelang es den Alchimisten, nicht nur die Seele der Pflanze, das spezifische ätherische Öl, ihr individuelles Prinzip, zu extrahieren, sondern auch den Geist der Pflanze herauszudestillieren, den Alkohol der Pflanze, ihr anonymes Prinzip.

Aus einer Schrift des Magister Salernus' im 12. Jahrhundert geht hervor, daß die Destillation von Alkohol neuen wirksameren Heilmitteln diente. In den meisten Kulturen war beispielsweise der Branntwein zunächst nur Heilmittel, „Lebenswasser", „Aqua Vita" oder „l'eau de vie" genannt.

Die Entdeckung der Destillierkunst beeinflußte entscheidend die Medizin und trug zum Ursprung vieler Wissenschaften bei – ein bedeutendes Kapitel menschlicher Kulturgeschichte. Mit dem Ausbruch der Pest im 14. Jahrhundert nahm die medizinische Arbeit mit ätherischen Ölen und Alkohol zu. Aromatisierte Kräuteressige wie der „Essig der vier Räuber" (Salbei, Thymian, Rosmarin und Lavendel) und auch der Wacholderbranntwein schützen vor Ansteckung. Die nicht wasserlöslichen ätherischen Öle fanden in ihrem „Partner", dem Alkohol oder Essig, eine ideale Ergänzung, denn sie konnten darin gut emulgiert und gelöst werden. Die Wirksubstanzen blieben so „stabil", was sich die *Aromaküche* noch heute zu Nutzen macht. Vor allem in den Klöstern und den ersten mittelalterlichen Apotheken wurde diese wohledle Kunst der Medizin- und Lebenselexierherstellung praktiziert. Alkohol und ätherische Öle bildeten die Grundlage für Kräuterelixiere, Kräutergeister, Magenbitter, Klosterliköre und Gewürzweine. Der Melissengeist der Karmeliternonnen und der Chartreuselikör der Chartreusemönche helfen noch heute bei Schwächezuständen oder großen Anstrengungen.

Die Erfindung der Buchdruckerkunst im 16. Jahrhundert ließ die Grenze zwischen Genußmittel und Heildroge fließend werden. Eine neue Bewegung entstand, Horizonte erweiterten sich, vieles wurde öffentlich zugänglicher. Das „Conterfayt Kreüterbuch" erschien, und Hieronymus Bock verfaßte das „New Kreütterbuch". Die großen Kräuterväter, wie die Kräuterheilkundigen im Volksmund hießen, hatten ein immenses Wissen über Kräuter und Gewürze, das sie mit Hilfe der Buchdruckerkunst mehr und mehr bekannt machten. Der berühmte Arzt und Kräuterheilkundige Paracelsus konnte sieben verschiedene Sauerampfersorten geschmacklich, geruchlich und in ihren Formen und Eigenschaften detailliert beschreiben und entsprechend therapeutisch und diätisch einsetzen. Hieronymus Brunschwig, ein Straßburger Arzt, schreibt in seinem Werk „das buch der wahren kunst zu destillieren“:

> „Das Destillieren ist nichts anderes
> als das Subtile vom Groben
> und das Grobe vom Subtilen zu scheiden,
> das Gebrechliche oder Zerstörbare unzerstörbar,
> das Materielle unmateriell,
> das Leibliche geistig,
> das Unschöne schöner zu machen.“

Rosenlikör

0,9 l Wasser	5 Min. kochen und abkühlen lassen.
7 – 9 Tropfen Rosenessenz 2 Tropfen Korianderessenz 1 Tropfen Zimtrindenessenz 0,7 l Kirschwasser	 und hinzufügen.
200 g Honig 125 ml Wasser	in durch leichtes Erwärmen auflösen und dazugießen.

Die Flüssigkeit mit den Ingredienzen gut schütteln und 2 – 3 Wochen an einen warmen Ort stellen.

100 ml Rosenwasser	dazugeben.

Durch einen Kaffeefilter in dekorative Flaschen füllen und 1 TL Rosenblätter (Centifolia) je Flasche hinzufügen. Mindestens 7 Wochen ruhen lassen.

Safranlikör

200 g Akazienhonig 1 kräftige Messerspitze Safran ½ l Wasser 1 Flasche Cognac	und in auflösen und mit vermischen.

2 Tropfen Angelikawurzelessenz
2 Tropfen Anisessenz
2 Tropfen Muskatessenz
1 Tropfen Cardamomessenz
1 Tropfen Nelkenessenz

1 Tropfen Korianderessenz	und
3 g Süßholzwurzelpulver	hinzugeben und alle Zutaten gut schütteln.

14 Tage an einem warmen Ort stehen lassen und dann durch einen Kaffeefilter abfüllen. 6 bis 8 Wochen ruhen lassen.

Chartreuselikör

Ein altes Rezept der Chartreusemönche

500 ml 96 % Vol. Alkolhol (unvergällt) mit	
7 Tropfen Minzessenz	
4 Tropfen Angelikawurzelessenz	
1 Tropfen Melissenessenz	
1 Tropfen Nelkenessenz	
1 Tropfen Muskatessenz	
1 Tropfen Ysopessenz	und
1 Tropfen Zimtrindenessenz	vermischen.
500 g Honig	in
1,5 l abgekochtem Wasser	auflösen und mit dem Alkohol verrühren.

Mit frischen Minzblättern in Flaschen abfüllen und mindestens 6 – 8 Wochen ruhen lassen.

Dornröschenwein

1 Flasche Rosé, nach Geschmack trocken oder süß, mit	
5 Tropfen Rosenessenz	und
1 Tropfen Angelikawurzelessenz	gut vermischen.

Den Wein etwa 1 – 2 Tage ruhen lassen.

Gewürzter Honigwein

1 Flasche Weißwein	auf kleiner Flamme erwärmen und darin
1 – 2 EL Honig	auflösen.
1 Tropfen Muskatessenz	
1 Tropfen Ingweressenz	und
1 – 2 Tropfen Korianderessenz	dazugeben.

Wintermärchenwein

1 Flasche Portwein	mit
5 Tropfen Zitronenessenz	
4 Tropfen Limettenessenz	
3 Tropfen Orangenessenz	
1 Tropfen Zimtblätteressenz	und
1 Tropfen Ingweressenz	vermischen.

Mindestens 3 Wochen stehen lassen.

Orangenbrandy

100 ml trockener Sherry	und
200 ml Brandy	leicht erwärmen.
	In
80 g Akazienhonig	
18 Tropfen Orangenessenz	
10 Tropfen Mandarinenessenz	und
1 Tick Zimtrindenessenz	darin emulgieren, da-

nach in den noch leicht warmen Sherry Brandy einrühren.

In kleine dekorative 100 – 200 ml Flakons abfüllen und ruhen lassen.

Pfisichbergamo

250 ml Pfirsichlikör	bereitstellen.

7 Tropfen Vanilleessenz	und
3 Tropfen Bergamotteessenz	in

50 ml Ahornsirup oder Akazienhonig emulgieren und innig mit dem Pfirsichlikör verrühren und wieim obigen Rezept verfahren.

Kakaolikör

0,7 l Obstler 38%iger,	darin
20 g Kakaopulver	lösen und mit
2 Prisen Muskatblütenpulver	versetzen.

2 Spatel Tonkaextrakt	mit
etwas Weingeist	im Mörser lösen und
25 Tropfen Kakaoessenz	
8 Tropfen Vanilleessenz	
2 Tropfen Nelkenessenz	und
1 Tropfen Zimtrindenessenz	darin emulgieren und dem Obstler beimischen.

7 – 8 Wochen reifen lassen, filtern und hernach in dekorative Flakons abfüllen.

Aromatisierter Tee

Dem Aromatisieren von Tee ist ein eigenes Kapitel gewidmet, da viele Teesorten, die wir handelsüblich erhalten, mit sogenannten naturidentischen Aromastoffen versetzt sind. Mit den natürlichen Essenzen haben Sie die Möglichkeit, Ihre Tees selbst zu aromatisieren, wofür sich zahlreiche Essenzen eignen. Wir stellen hier nur einige wenige Rezepte vor – es bleibt Ihrer Phantasie überlassen, weitere „Tee-Aromen" zu kreieren.
Nach den folgenden Rezepten können Sie Ihre individuellen Teespezialitäten mit folgenden Essenzen herstellen: Orange, Mandarine, Clementine, Zitrone, Zimt, Ingwer, Vanille, Kakao und Honig.

Vanille-Orangentee

150 g Schwarztee in eine Blechdose oder ein dunkles Schraubglas füllen.

2 Tropfen Vanilleessenz und
2 – 4 Tropfen Orangenessenz darüberträufeln.

Dose oder Schraubglas kräftig schütteln und etwa 2 – 3 Wochen stehenlassen; zwischendurch immer wieder schütteln.

Earl Grey Tea

150 g Schwarztee in eine Blechdose oder ein dunkles Schraubglas füllen,
3 – 4 Tropfen Bergamotteessenz darüberträufeln.

Dose oder Schraubglas kräftig schütteln und etwa 2 – 3 Wochen stehenlassen; zwischendurch immer wieder schütteln.

Gewürztee

300 g Schwarztee	in eine Blechdose oder dunkles Schraublas füllen.
1 Tropfen Zimtrindenessenz 1 Tropfen Ingweressenz 1 Tropfen Kakaoessenz 3 – 5 Tropfen Clementinenessenz	und darüberträufeln.

Dose oder Schraubglas kräftig schütteln und etwa 2 – 3 Wochen stehenlassen; zwischendurch mal wieder schütteln.

Rosentee

150 g Schwarztee 2 EL Rosenblättern (Centifolia)	mit vermischen und in eine Blechdose oder ein dunkles Glas füllen.
1 Tropfen Rosenessenz 1 Tropfen Honigessenz	und darüberträufeln.

Dose oder Schraubglas kräftig schütteln und etwa 2 – 3 Wochen stehenlassen; zwischendurch mal wieder schütteln.

Hagebuttentee

6 EL zerkleinerte Hagebutten 1 l Wasser	in 10 Min. kochen lassen.
In die vorgewärmte Teekanne werden 2 Tropfen Vanilleessenz	 geträufelt.

Den abgekochten Hagebuttentee über der Teekanne absieben. Im Gegensatz zu anderen Vitamin-C-Trägern behält die Hagebutte auch nach dem Kochen noch über mehrere Stunden den vollen Vitamingehalt.

Marmeladen, Honig, Bonbons, Marzipan und Schokolade

Marmeladen, Honig, Bonbons, Marzipan und Schokolade

Rosenmarmelade

200 g ungespritzte Rosenblätter (Centifolia) mit	
800 ml Wasser	übergießen. Erst auf langsamer, dann auf hoher Stufe im Mixer vermischen.
Saft ½ Zitrone 3 Tropfen Limettenessenz 1 Tropfen Rosenessenz	und
1 Tropfen Vanilleessenz	mit
125 g Rapshonig	emulgieren.
1 gehäufter EL Agar Agar	in
200 ml Wasser	aufkochen, alle Zutaten dazugeben und nochmals 5 Min. kochen lassen.

In sterile Gläser füllen und abkühlen lassen.

Orangenmarmelade

2 kg ungespritzte Orangen	schälen und kleinschneiden. Das Fruchtfleisch in einen Stahl- oder Kupfertopf geben und mit
1 l Wasser	zum Köcheln bringen.

Etwa ein Drittel der kleingeschnittenen Schalen dazugeben und ca. 10 Min. köcheln lassen. Anschließend durch ein Tuch passieren.

Die durchpassierte Masse mit	
1 kg Orangenblütenhonig	und dem Rest der kleingeschnittenen Orangenschalen unter ständigem Rühren mit
3 EL Agar Agar	und
ca. 200 ml Wasser	aufkochen und ca. 5 Min. köcheln lassen.

50 g Orangenblütenhonig	mit
20 Tropfen Orangenessenz	und
10 Tropfen Ingweressenz	emulgieren und in die heiße Marmelade einrühren.

Anschließend in sterile Gläser füllen.

Ein guter Emulgator für Essenzen ist Honig. Kräftig aromatisierter Honig ist ein besonders delikates Süßmittel für Desserts, Drinks, Müslis und heiße Getränke. Er ist auch als Brotaufstrich beliebt.

Rosenhonig

100 g Rosenblätter (Centifolia)	in ein hitzebeständiges Glas geben und mit
200 ml kochendem Wasser	übergießen. Gut durchrühren, über Nacht ziehen lasen und dann die Rosenblätter abseihen.
750 g Honig	im Wasserbad anwärmen und das vorbereitete Rosenwasser dazugeben.
3 Tropfen Limettenessenz 3 Tropfen Clementinenessenz 2 Tropfen Vanilleessenz 2 Tropfen Rosenessenz	 und mit der Honigmasse emulgieren und in Gläser füllen.

Sommernachtshonig

50 g Rapshonig	verflüssigen und mit
2 Tropfen Vanilleessenz	
1 Tropfen Grapefruitessenz	
2 Tropfen Orangenessenz	und
3 Tropfen Minzessenz	emulgieren.

Clementinenhonig

50 g Orangenblütenhonig	mit
5 Tropfen Clementinenessenz	emulgieren.

Zitronenhonig

50 g Akazienhonig	mit
5 Tropfen Zitronenessenz	und
2 Tropfen Limettenessenz	emulgieren.

Orangenhonig

500 g Akazienhonig	mit
10 Tropfen Orangenessenz	
2 – 5 Tropfen Clementinenessenz	und
1 Tropfen Ingweressenz	emulgieren.

Weihnachtshonig

1 kg Rapshonig	mit
5 Tropfen Orangenessenz	
3 – 5 Tropfen Kakaoessenz	
3 – 4 Tropfen Zitronenessenz	
1 – 3 Tropfen Vanilleessenz	
1 Tropfen Zimtrindenessenz	und
1 Tropfen Ingweressenz	kräftig emulgieren.

In Gläser abgefüllt, haben Sie immer ein nettes Geschenk vorrätig.

Gewürzbonbons

250 g Honig	mit
50 g Sesamsaat	
10 Tropfen Orangenessenz	
3 Tropfen Vanilleessenz	
2 Tropfen Clementinenessenz	und
1 Tropfen Zimtblätteressenz	emulgieren und auf klei-

ner Flamme unter ständigem Rühren in einer Pfanne karamelisieren.

Die Masse auf ein mit eingefettetem Pergamentpapier abgedecktes Blech geben und zu einer Wurst drehen. Die Honigrolle nach dem Abkühlen in kleine Scheiben schneiden. Sie können das Rezept leicht mit anderen ätherischen Ölen wie Limette, Mandarine oder Kakao variieren. Ein herrliches Kindergeschenk!

Marzipan

ca. 500 g Honigmarzipan (Rohmasse) mit einer Gabel in	
	einer Porzellanschüssel zerdrücken und mit
1 EL Rosenwasser	
5 – 7 Tropfen Clementinenessenz	
5 Tropfen Vanilleessenz	
2 Tropfen Mandarinenessenz	
½ Tropfen Zimtrindenessenz	und
½ Tropfen Ingweressenz	gut vermengen.

Die Marzipanmassesoll geschmeidig und weich sein.

Zu Marzipankugeln drehen und einzeln in Carob-, Kakaopulver oder Kokosflocken wenden; mit einer geschälten Mandel verzieren. Hübsch verpackt sind die Marzipankugeln ein willkommenes Geschenk.

Crunchy

250 g Honig	
150 g Haferflocken	und
50 g Sesamsaat	in einer Eisenpfanne karamelisieren.

Die Pfanne von der Flamme nehmen und
5 Tropfen Clementinenessenz

4 Tropfen Vanilleessenz	
3 Tropfen Mandarinenessenz	und
1 Tropfen Ingweressenz	dazugeben und kräftig unterrühren, solange die Honigmasse noch nicht ganz fest ist.

Abkühlen lassen und 2 cm lange Stückchen von der festgewordenen Masse abbrechen; in eine Glasschale oder Keksdose geben.

Mint-after-eight-Schokolade

200 g Schokolade	im Wasserbad erwärmen und mit
3 Tropfen Minzessenz	
2 Tropfen Spearmintessenz	und
2 Tropfen Korianderessenz	emulgieren.

Weihnachtsschokolade

200 g Vollmilchkouvertüre	im Wasserbad erwärmen und mit
3 Tropfen Cardamomessenz	
2 Tropfen Korianderessenz	
1 Spatel Nelkenessenz	
3 Tropfen Orangenessenz	und
¼ Tropfen Zimtrindenessenz	emulgieren.

Frische Erdbeeren oder Mangostücke, getrocknete Ananas oder Datteln und Marzipankugeln erhalten mit der aromatisierten Schokolade eine extravagante Note.
Die Schokolade kann mit vielen anderen ätherischen Ölen, vor allem Zitrusölen, variiert werden. Ein persönliches Geschenk für viele Gelegenheiten.

Rezepte von Gastköchen

Rezepte von Gastköchen

Reiner Fischer

Hotel „Villino“; Hotel und Restaurant mit besonderer Ambiente und erlesener Gourmetküche.

Die Sinnlichkeit des Essens

Essen und Trinken gehören zu den elementaren Sinnesfreuden des Menschen. Als Koch fühle ich mich motiviert, meinen Gästen immer wieder besondere Gaumenfreuden zu servieren und meine Kunst zu erweitern. Sowohl das optische, geruchliche als auch das geschmackliche Erlebnis krönen die ganzheitliche Erfahrung eines jeden Gerichts und sind somit meine Herausforderung.

Die feinfruchtigen, -würzigen oder -blumigen reinen Naturaromen stellen eine willkommene Abwechslung in meiner experimentierfreudigen Küche dar. Neben den frischen Kräutern aus meinem eigenen Kräutergarten sind sie ein Quell der Inspiration, die meine Phantasie und Kochkreationen anregen. Der Einfallsreichtum und der Griff zur guten Qualität bei der Auswahl der Rohstoffe sind die Voraussetzungen für die große Vielfalt unserer Gerichte im „Villino“. Für Sie habe ich einige Rezepte zusammengestellt.

Tomatenterrine mit Basilikum

4 Tomaten	10 Sek. in kochendes Wasser halten und kalt abschrecken. Haut abziehen, entkernen, in in kleine Würfel schneiden und auf 4 Kaffeetassen verteilen.
0,4 l Tomatensaft	mit einem
½ Bund feingeschnittenem Basilikum	
Salz	
3 TL Basilikum-Würzöl	
1 TL Pfeffer-Würzöl	und
½ EL Agar Agar	verrühren, 5 Min. kochen.

Anschließend die Masse in die vorbereiteten Tassen füllen, einen Tag kalt stellen, dann stürzen.

Joghurtterrine mit Grapefruitfilets

2 Grapefruits	schälen, filetieren und in vier Förmchen verteilen.
300 g Naturjoghurt	mit
etwas Zitronensaft	
Salz	
Pfeffer	
1 Tropfen Pampelmusenessenz	und
1 Tropfen Vanilleessenz	vermengen.
½ EL Agar Agar	in
200 ml Wasser	5 Min. kochen und etwas abkühlen lassen.

Anschließend mit der Joghurtmasse vermengen, einen Tag kaltstellen, dann stürzen.

Schaumsuppe von grünem Pfeffer

½ l Gemüsebrühe	mit
300 ml Sahne	verrühren und 2 – 3 Min. köcheln lassen.
100 g Crème fraîche	mit
3 – 5 Tropfen Grüne Pfefferessenz	emulgieren.

In die Gemüsebrühe die Pfefferaromacreme untermischen.

Schaschik (türkische Joghurtsuppe)

200 g Joghurt	
200 ml Vollmilch	
½ TL Pfeffer-Würzöl	
1 TL O-sole-mio-Würzölmischung	(S. 18) und
1 Prise Salz	verrühren.
1 Salatgurke	schälen und in kleine Würfel schneiden.

Die Joghurtmasse mit der gewürfelten Gurke auf 4 Suppenteller verteilen.

3 Scheiben Vollkornbrot	in Würfel schneiden, rösten und ebenfalls auf die 4 Teller verteilen.

Zuletzt die Joghurtsuppe mit 1 Prise Paprika und Cayennepfeffer bestreuen.

Spinatsalat mit Ei

2 Eier	hartkochen und das Eigelb vom Eiweiß trennen.
1 EL Muskat-Würzöl 1 EL Pfeffer-Würzöl 1 TL Sliwowitz (oder anderer Pflaumenschnaps) Saft ½ Zitrone 1 Prise Meersalz 0,2 l Apfeldicksaft 2 zerdrückte Eigelb	 und mit dem Mixer zu einer Salatsauce verarbeiten.
250 g Blattspinat	putzen, große Stiele entfernen und mit der Salatsauce vermengen.

Das verbleibende Eiweiß kleinschneiden und über den Salat geben.

Pflaumengrütze

1 kg Pflaumen	waschen, entsteinen und halbieren.
½ l Beaujolais ¼ l Wasser 180 g braunem Rohrzucker Saft ½ Zitrone	mit und aufkochen. Halbierte Pflaumen dazugeben.
1 Tropfen Nelkenessenz 1 Tropfen Zimtblätteressenz	 in die Flüssigkeit emulgieren und die Pflaumen bei schwacher Hitze halb garkochen.

40 g Speisestärke	in etwas Wasser anrühren und die Grütze damit eindicken.
40 ml Sliwowitz	Zum Schluß unterrühren, die Grütze in eine Schüssel geben und kaltstellen.
200 ml Sahne 2 Tropfen Vanilleessenz	mit verrühren und über die Grütze gießen.

Gerlinde Schratt

Kurhaus Schratt

Als ich vor einigen Jahren eine Gesundheitsmesse besuchte,wurde ich von magischen Düften zu einem der Stände hingezogen. Bisher hatte ich ätherische Öle nur im Zusammenhang mit der Kultivierung von Wohnräumen kennengelernt. Nun bekam ich die ersten Hinweise, daß mit ätherischen Ölen und fertigen Würzölen Speisen und Getränke aromatisiert werden können. Ich war so begeistert von dieser Kochweise, daß ich die Würzöle sehr bald in meine ernährungsbewußte Küche mit einbezog.

Ich wünsche Ihnen, liebe Berufs- und Hobbyköche, reiche Inspiration und freudigen Erfolg mit den ätherischen Ölen und Würzölen!

Zucchini-Avocado-Carpaccio

Rohkostvorspeise für 4 Personen	
3 kleine Zucchini, ca. 500 g	in Scheiben schneiden,
2 Avocados	dünn schälen, längs halbieren, in Scheiben schneiden und mit Zitronensaft beträufeln,
5 – 6 Tomaten	in Scheiben schneiden.
3 EL Balsamicoessig	
2 EL Kräuteressig	
etwas Kräutersalz	
frische Petersilie	hacken,
2 Stengel Basilikum	fein schneiden,
schwarzer Pfeffer frisch	mahlen,
1 Knoblauchzehe	zerdrücken,
½ TL Basilikum-Würzöl	
½ TL O-sole-mio-Würzölmischung (S. 18)	
¼ TL Schabzigerklee	
3 EL Olivenöl	
4 EL Sonnenblumenöl, kalt gepreßt	zu einer Marinade mit dem Mixgerät emulgieren, je zur Hälfte über die Zucchini und die Tomaten geben.

30 Min. kaltstellen. Auf Tellern fächerförmig anrichten, übrige Marinade (Vinaigrette) darüber verteilen.

Reis gratiniert auf Selleriescheiben

Für 4 Personen	
150 g Basmatireis	in
300 g Gemüsebrühe	ca. 30 Min. aufkochen; zugedeckt auf kleinster Stufe garen lassen, nicht

umrühren.

1 große Sellerieknolle waschen, dünn schälen, in fingerdicke Scheiben schneiden. In Wasser etwas Meersalz bißfest garen. Herausnehmen, in gebutterte Auflaufform legen.

1 Stange Lauch in Streifen schneiden und mit
Kräutern wie Petersilie, Dill und Basilikum in
Öl anschmelzen.

50 g Walnüsse grob hacken in,
60 g Butter rösten, mit
½ TL Rosmarin-Thymian-Würzöl (S. 19) und
2 Tropfen Grüne Pfefferessenz emulgieren. Mit
Currypulver abrunden.

Alles unter den Reis mischen, auf die Selleriescheiben häufen.

2 – 3 Tomaten in Scheiben schneiden. Das Gratin damit abdecken, leicht salzen und mit Olivenöl beträufeln.

100 g Emmentaler Käse reiben und das Gratin damit bestreuen.

15 – 20 Min. im Backofen bei 200 Grad gratinieren. Mit Kresse oder frischen Kräutern garnieren.

Kürbissuppe à la Schratt

Für 4 Personen
600 – 800 g Kürbis würfeln, etwa 10 Min. kochen lassen, anschließend pürieren.

1 Zwiebel	fein hacken und in
Öl	fein andünsten, mit
Pfeffer	
Meersalz	
Hefewürze	
1/4 TL Ingwer-Würzöl	
1 Tropfen Grüne Pfefferessenz	in
1/8 l Sahne	emulgieren.
Schnittlauch oder Petersilie	hacken und damit abrunden.
2 EL feines Reismehl (Naturreis)	mit kaltem Wasser anrühren, in kochendem
Wasser	binden.

Alle Zutaten miteinander vermischen. Sahnehäubchen zum Garnieren.

Dieter Straub

Korsika – die duftende Insel

Nähert man sich der Insel Korsika auf dem Meerweg, riecht man schon lange bevor die Insel sichtbar wird den intensiven Duft der Maccia. Vor allem Thymian, Majoran, Myrte und die vielen anderen, oft unbekannten Pflanzen verströmen verschwenderisch ihren Duft.

Bei einer unserer Reisen kamen wir – übernächtigt und ausgehungert – in der Bucht an und warfen den Anker. Ich machte mich daran, das Mittagessen für sechs hungrige Seefahrer zuzubereiten. Meine Auswahl an Bord war nicht sehr reichhaltig, weshalb ich einen Teil der Mannschaft losschickte, um von den Hügeln frische Kräuter zu pflücken.

Ich legte die Kräuter in Olivenöl ein, fügte einige Tropfen Pfefferminze- und Thymianessenz zur Geschmacksverstärkung bei und ließ das Ganze zusammen mit ein wenig Balsamico-Essig als Marinade ziehen. Zur Garnierung der inzwischen zubereiteten Lammschulter dienten kleine Häubchen von frischgeschlagener Mayonnaise, die mit französischem Senf ganz besonders köstlich schmeckt. Zusammen mit Tomaten provençale und frischem Brot war dies für den heißen Sommertag ein Essen, das unvergeßlich geblieben ist.

Lammschulter à la Dieter Straub

Für 6 Personen

1,5 kg Lammschulter	häuten und mit
3 – 5 Knoblauchzehen	spicken, danach in
heißem Olivenöl	anbraten und ca. eine
	dreiviertel Stunde im

Backofen überbacken, öfter mit der unten beschriebenen aromatisierten Olivenölmarinade übergießen.

Die Lammschulter aus dem Backofen nehmen, in hauchdünne Scheiben schneiden und auf gebackenen Kartoffelscheiben anrichten. Inzwischen die Tomaten provençale zubereiten.

---

6 große Fleischtomaten	in 2 Hälften schneiden,
salzen	und mit der Schnittflä-

che auf ein Küchentuch legen. Einige Minuten ziehen lassen. Die Schnittfläche jeder Tomatenhälfte mit

1 TL O-sole-mio-Würzölmischung (S. 18) kräftig abpinseln,

	mit
Paniermehl	füllen und mit
1 EL Herbes de Provençe	bestreuen.

	Für die Marinade
100 ml Olivenöl	mit

5 Tropfen Minzessenz	und
3 – 5 Tropfen Grüne Pfefferessenz	emulgieren,
Salz	und
frisch gehackte Kräuter	zum Abrunden.

Feldsalat (Ackersalat) mit Chicorée à l'orange

Für 4 Personen

2 Orangen	sorgfältig schälen, enthäuten und in Schnitze schneiden (filetieren).
2 Chicorée	säubern und in Längsstreifen schneiden.
100 g Feldsalat	sorgfältig putzen.
½ Schalotte	sehr fein hacken.
1 EL Mandelstifte	fettfrei anrösten.
100 ml Sahne	
100 g Joghurt	
1 Prise Meersalz	
etwas grobgemahlener Pfeffer	und
4 Tropfen Orangenessenz	zu einer Sauce mischen.

Feldsalat, Schalotte, Orangenschnitze und Chicorée auf einem Teller anrichten, mit der Joghurt-Sahne-Sauce beträufeln und mit Pinienkernen dekorieren.

Andreas Hesse

Ein wahres Feuerwerk auf der Zunge", so bezeichnete Andreas Hesse, ehemaliger Küchenchef, seine Erlebnisse mit der geschmacklichen Brillanz und dem „gewissen Etwas", das die Aromaküche auszeichnet. „Genau dies ist es, was den Köchen immer gefehlt hat: Die feinen Würzöle und Essenzen sind hervorragende Alternativen zu den sonst üblichen synthetischen Geschmacksverstärkern. Es lassen sich ungeahnt viele Sachen schnell und nuancenreich zubereiten, eine wahre Entdeckung für die moderne Küche und Großküche."

Limonen-Joghurt-Terrine

Rezept für 1 Liter

6 Blatt Gelatine	in kaltem Wasser einweichen.

50 g Crème Double	
1 Prise Salz	
120 g Zucker	und
1 Vanillestange	langsam erhitzen (nicht kochen). Die Gelatine

abtropfen lassen, unter die heiße Creme geben und auflösen. Vom Herd nehmen.

0,5 l Vollmilch-Joghurt	mit
1 EL Zitronensaft	
2 cl Wodka	und
1 TL Zucker	glattrühren und in die heiße Crème Double ge-

ben, kaltstellen und öfter durchschlagen.

Bei ca. 28 Grad

5 – 7 Tropfen Limettenessenz
4 Tropfen Vanilleessenz
2 Tropfen Grapefruitessenz

3 Tropfen Zitronenessenz	hinzufügen.

Die Terrine ziehen lassen und über Nacht kühlstellen.

Gelee-Royal-Parfait

Rezept für ca. 1 Liter

150 ml Sahne	aufschlagen und kühlstellen.
40 g Gelee-Royal-Honig 3 Eigelb ½ TL Limonensaft	leicht erwärmen, im warmen Wasserbad aufschlagen und mit mit dem Mixer verrühren.
 2 Eiweiß	Ist die Masse cremig, zu festem Eischnee schlagen.

Zuerst den Eischnee, dann die Sahne unter die Eigelbmasse heben.

1 Tropfen Limettenessenz 1 Tropfen Vanilleessenz ½ Tropfen Orangenessenz 1 Spatel Neroliessenz etwas Bitterorangenblütenwasser und 2 cl Safranlikör (S. 152)	 hinzufügen.

Die fertige Parfaitmasse in eine Form geben und über Nacht in die Tiefkühltruhe stellen.

Helga Krämer

Restaurant / Partyservice Sprößling

Feiner, frischer, gesünder genießen - Aromaküche ist ein Stück Naturküche! Sie ist eine Jahreszeitenküche, da wir ausschließlich frisches Gemüse und Obst verwenden; das Getreide wird frisch gemahlen. Die Würzöle, die gerade im Winter eine ideale Ergänzung bieten und im Sommer eine willkommene Frische in die Gerichte zaubern, sind in meinem Hause von bester Qualität und dürfen auf keiner Speisekarte fehlen.

Gefüllte Champignons auf Blattsalat

2 EL Vollkorn-Semmelbrösel
1 EL gehackte Blattpetersilie
1 EL geriebener Emmentaler Käse
1 EL Olivenöl — und
¼ TL Rosmarin-Thymian-Würzölmischung (S. 19) miteinander vermischen.

---

12 große Champignonköpfe — mit der Mischung füllen und im Backofen bei 180 Grad 20 Min. backen. Auf Blattsalat anrichten.

Lauch in Orangensauce

1 kg Lauch — in ca. 10 cm große Stükken schneiden, in
Gemüsebrühe — bißfest garen. In
50 ml Sahne
2 Tropfen Orangenessenz — emulgieren und mit
1 TL O-sole-mio-Würzölmischung (S. 18) abschmecken, in das Kochwasser einrühren, nochmals kurz aufköcheln lassen. Dazu körnigen Reis servieren.

Pfirsich Capri

1 Pfirsichhälfte	pro Person entkernen.
½ l Sahne 2 Tropfen Vanilleessenz 2 TL Capri-Würzölmischung (S. 18)	schlagen, mit emulgieren und unterrühren.

Pfirsiche mit der Sahnemischung füllen.

Bernd Trum

Als Leiter der Kochschule Trum und Küchenchef der „König-Ludwig-Klinik“ in Nesselwang war ich anfangs, als ich von der Aromaküche mit Würzessenzen und Würzölen hörte, etwas skeptisch. Und unter „Aromagaren“ konnte ich mir nur schwerlich etwas vorstellen. Aber ich sagte mir, neue Sachen sind dazu da, um sie auszuprobieren.

Bis dahin war ich es gewohnt, Gerichte aller Art mit frischen oder getrockneten Kräutern, Gewürzen, unter Umständen Spirituosen und anderen Würzsaucen abzuschmekken und zu verfeinern. Nun kam jedoch eine ganz neue Welt des Würzens auf mich zu, und ich war erstaunt, wie harmonisch und ungeheuer kreativ diese Würzessenzen vor allem in Verbindung mit frischen Kräutern sind.

Ich kann nur jedem empfehlen, sich selbst von der Raffinesse der Aromaküche zu überzeugen, und wünsche viel Spaß dabei.

Kakaomousse mit Würzessenzen

2 EL Instant-Getreidekaffee	in
100 ml Wasser	einrühren und aufkochen. Auf ca. 30 ml köchelnd reduzieren.

120 g Butter	auf kleiner Flamme langsam zerlaufen lassen, nach und nach
35 g Kakaopulver	einrühren.

Etwa 5 – 6 Min. bei kleiner Flamme glattrühren, das Kakaopulver quillt dabei aus. Die Kakaobutter erkalten lassen. Die Butter darf beim Einrühren und Ausquellen nur gut handwarm (ca. 45 Grad) sein. In die erkaltete Kakaobutter

4 Tropfen Kakaoessenz	
3 Tropfen Vanilleessenz	
2 Tropfen Orangenessenz	und
2 Tropfen Zitronenessenz	emulgieren.

4 Eigelb	und
80 g Akazienhonig	über Wasserdampf (Wasserbad) gut schaumig

schlagen und anschließend mit dem Rührgerät kaltschlagen. Das Eigelb über dem Wasserdampf nur bis auf etwa 80 Grad aufschlagen, bei zuviel Hitze gerinnt das Eigelb.

300 ml Sahne	schlagen.

Den reduzierten Getreidekaffee und die aromatisierte Kakaobutter unter die kaltgerührte Eimasse ziehen. Zum Schluß die Sahne vorsichtig unterheben, in eine Form füllen, mit Klarsichtfolie abdecken und im Kühlschrank mindestens einen halben Tag durchziehen lassen.

Das Kakaomousse mit einem heißen Löffel abstechen, auf Mangospiegel oder sonstige Fruchtspiegel oder mit marinierten Erdbeeren servieren.

Doris Winkenbach

Expertin für Vollwertkost und angewandte Ernährungskunst, gibt Vollwertkochseminare und macht Vollwert-Buffetservice mit ihrer Naturaromaküche Artemis – ein gesunder Genuß.

Ihre Kurzformel für Vollwertkost und Naturaromaküche lautet: „Täglich Frisches, häufig Vollkorn, wenig Fett, maßvoll Süßes, viel Aroma."

Südländischer Hirseauflauf

„Alles in allem gut und scharf"

200 g Hirse	waschen, mit kochendem Wasser übergießen.
500 g Wasser	aufkochen, Hirse hineingeben, 5 Min. kochen.
½ TL Rosmarin-Thymian-Würzölmischung (S. 19)	Mit
½ TL Oregano-Würzöl 2 TL würziger Brühe	und vermischen, 20 Min. ausquellen lassen.
100 g schwarze Oliven 1 - 2 scharfe, rote Peperoni 1 Knoblauchzehe 1 grüne Gurke 2 Tomaten in Würfel	entkernen und kleinschneiden, in Röllchen schneiden, hacken und quetschen, und schneiden.

ca. 250 g Schwedenmilch (Sauermilch) mit
½ TL Rosmarin-Thymian-Würzölmischung (S. 19) und
½ TL O-sole-mio-Würzölmischung (S. 18) mischen und alles mit der Hirse vermengen, so daß eine weiche Masse ent-

steht.

100 g Räucher-Danbo	würfeln und untermischen, mit
Paprika scharf	eine gebutterte Auflaufform geben. Mit
Oliven	und
Peperoni	belegen, mit
Sesam	bestreuen und mit
Butterflöckchen	im Ofen ca. 20 Min. bei 175 Grad backen.

Dazu paßt gemischter Blatt-Sprossensalat, Tomaten-Rahmsauce.

Blatt-Sprossen-Duett

100 g Sprossen-Mix
100 g Feldsalat
200 g gemischter Blattsalat (Radicchio, Eisberg, Romana) putzen, waschen, zerkleinern.

1 EL Zitronensaft	
etwas Meersalz	
wenig Senf	
etwas Ahornsirup	
1 Knoblauchzehe	und
2 EL Olivenöl, kaltgepreßt	miteinander vermischen.

100 g Schwedenmilch oder Joghurt mit
½ TL Petersilie-Würzöl und
½ TL Dill & Co.-Würzölmischung (S. 19) vermischen und dazugeben.

Apfel-Minzen-Dessert – Offen für Neues

Für 4 Personen 40 g Speisestärke 500 ml Apfelsaft	in einem Teil von anrühren. Den Rest zum Kochen bringen. Die angerührte Stärke einrühren, 1 – 2 Min. kochen lassen und dann abkühlen.
1 EL Honig 1 Tropfen Minzessenz 1 Tropfen Limetten- oder Zitronenessenz und 3 Tropfen Vanilleessenz	mit emulgieren und unterrühren.
200 ml Sahne	schlagen und unter die kalte Creme heben.

Sansi Shiva

Die Kulturoase ist ein indisches Spezialitätenrestaurant mit außergewöhnlichem Geschmack und Engagement. Die Speisekarte ist auserlesen und exquisit, auch die feinen Naturaromen finden hier ihren Platz.

Eine Besonderheit des Hauses ist das stets wechselnde Kulturprogramm und die Liebe zum Detail. Für einen Abend in der Kulturoase sollten Sie Zeit mitbringen, um in Ruhe Muße zu tanken.

Nudelpudding

50 g Rosinen	in lauwarmem Wasser einweichen.
50 g geklärte Butter (Ghee)	in einem breiten Topf erhitzen und abkühlen lassen.
3 Tropfen Nelkenessenz	und
8 Tropfen Cardamomessenz	in Butter emulgieren.
250 g dünne Spaghetti	in die Butter geben und anbraten, möglichst nicht brechen.
1 l Frischmilch	dazugießen und zum Kochen bringen.
100 g Akazienhonig	einrühren.

Die Spaghetti weichkochen, ab und zu vorsichtig umrühren.

150 g geschälte Mandeln	und
30 g Pistazienkerne	grob hacken.

Die eingeweichten Rosinen abtropfen lassen, dann Rosinen, Mandeln und Pistazien zu den Nudeln geben. Nochmals kurz aufköcheln lassen.

3 TL Rosenwasser	am Schluß dazugeben und umrühren.

In kleine Förmchen verteilen, mit Frischhaltefolie abdecken, in den Kühlschrank stellen und gut gekühlt servieren.

Verzeichnis der Essenzen

Angelikawurzel
Anissamen
Basilikum
Bay
Bergamotte
Cardamom
Clementine
Cumin (Kreuzkümmel)
Dill
Eisenkraut
Estragon
Fenchel
Galgant
Grapefruit
Honig
Ingwer
Kakao
Karottensamen
Koriander
Kümmel
Lavendel
Lemongrass
Limette
Lorbeer
Majoran
Mandarine
Melisse
Minze
Muskat
Muskatellersalbei
Nelke
Orange
Oregano
Pampelmuse
Pfefferminze
Rose
Rosmarin
Salbei
Spearmint
Thymian
Vanille
Wacholder
Ysop
Zimtblätter
Zimtrinde
Zitrone
Zitronenthymian

Emulgatoren in der Aromaküche

Für Süßes:
Ahornsirup
fette Milch
Honig
Malz, alle Arten
Melasse, alle Arten
Vollrohrzucker

Für Salziges:
Butter
Essig, Weinessig
Mayonnaise
Salz
Senf
Tamari

Für Süßes und Salziges:
Alkohol, Weingeist 96 % Vol., Korn, Schnaps
Avocado (eher salzig)
Eigelb
fette Öle wie Oliven-, Sonnenblumen- oder Distelöl (Sojaöl ist das neutralste)
Joghurt
Nußmuse, alle Arten
Sahne
Saure Sahne

Adressen, Hersteller, Seminare, Organisationen, Vertriebe, Literatur

Adressen der Gastköche

Reiner Fischer
Hotel „Villino", Sternerestaurant
Hoyerberg 34, 88131 Lindau, Tel.: 0 83 82/50 22

Norbert Gillmayr
Mitglied der Gastronomischen Akademie
Deutschlands e. V.
Ehrenmitglied WACS
Senior Experten Service Bonn
Ginnheimer Str. 18, 65824 Schwalbach

Andreas Hesse
Stein und Öl, Vertrieb von Würzölen
Rahlstedter Weg 108, 22159 Hamburg, Tel.: 0 40/645 18 90

Helga Krämer
Restaurant/Partyservice Sprößling
Feiner, frischer, gesünder genießen. Natürlich!
Kaiserstr. 67, 66424 Homburg, Tel.: 0 68 41/45 89

Gerlinde Schratt
Kurhaus Schratt
Vollwerternährung nach Schnitzer mit Aromaküche
Sägmühle 1987534 Steibis/ Oberstaufen, Tel.: 08386/84 14

Sansi Shiva
Kulturoase im Eichenhof
Markdorfer Str. 9, 88697 Bermatingen, Tel.: 07544/71260

Dietrich Straub
Hobbykoch
Am Fichtenholz 5, 87477 Sulzberg

Bernd Trum
Kochschule
Trillerweg 10, 82433 Bad Kohlgrub, Tel.: 0 83 61/18 21

Doris Winkenbach
Naturaromaküche ARTEMIS
Karlsbaderstr. 1, 69509 Mörlenbach, Tel.: 0 62 09/44 51

Adressen von weiteren Aromaköchen

Café Becherer
– vegetarische Küche
Claudia Becherer
Kemptener Str. 4, 87477 Sulzberg

Gesunde Ernährung e. V.
Köchegemeinschaft
Hubert Kahle, Karl-Rud. Maurer
Postfach 35, 87643 Schwangau

Hotel Columbia
Fitness für die Seele in Griesbach
Erich Mayr und Peter Menrath
Passauer Str. 39 a, 94086 Bad Griesbach

Ivo Ivancic, Sternekoch
Culina Odorata PsychoCerebroSomatica: Gourmet (das Restaurant der Sonderklasse)
Engelbertstr. 17, 50674 Köln

König-Ludwig-Klinik
Klinik für Ernährungsmedizin
Falkensteinstr. 10,
87484 Nesselwang

Landhotel Sulzberger Hof
Nikolaus Schropp
Sonthofener Str. 17,
87477 Sulzberg

Maddins Partyservice
Feinschmeckermenues & Buffets
Fritz Reuter Str. 14,
63500 Seligenstadt

Oase Augsburg
Naturkostschnellimbiss
Neuburgerstr. 20,
86167 Augsburg

Pacific Spa / Fitness for Body and Soul, „Café Soyoken"
Listerstr. 4-6, 30163 Hannover

Partyservice
Peter Tschiva
Hagenmahd 9,
86825 Bad Wörishofen

Ristorante Nabucco
Alfonso Sergio
Kaiserwerther Str. 402,
40474 Düsseldorf

Rudolf Steiner Schule / Schulküche
Herr Müller
Bergstedter Chaussee 203-206,
22395 Hamburg-Bergstedt

Großküche „Reutlingen"
Der individuelle Caterer
Partyservice Lothar Tüttelmann
Ringelbachstr. 195, 72762 Reutlingen

de arte coquinaria
Römische Gerichte nach dem Kochbuch des Marcus Gavius Apicius
Kurtrierischen Weinstube zum Domstein / Küchenmeisterin
Rosemarie Gracher
Hauptmarkt 5
54290 Trier

Österreich:
Agathenhof
Das ganzheitliche Ferienparadies
W. und I. Fischbach
A-9322 Micheldorf /Friesach

Frankreich:
Chateau des Aromes
F-2618 Route de Grasse

Herstellerfirmen ätherischer Öle mit bester Qualität

Primavera Life / Vertrieb und Export von ätherischen Ölen und Kosmetik GmbH
bietet zusätzlich hochwertige Würzöle, Würzölmischungen und Würzessenzen an
Am Fichtenholz 5
87477 Sulzberg

Heuschrecke
Krefelderstr. 18
50670 Köln

Tautropfen
Poststr. 10
83132 Rittenhardt

La Balance
Andres & Co GmbH
Bachstr. 3
88299 Leutkirch

Vertrieb von Würzölen und Würzessenzen

In Deutschland
Biogarten
Naturkost und Naturwaren
Postfach1012
40710 Hilden

In Österreich
Naturgarten
Hauptstr. 254
A-8462 Gamlitz

In der Schweiz
Buchhandlung Dessauer
Räffelstr.32
CH-8036 Zürich

Spezialgeschäfte, die Würzöle führen und versenden:

Gewürz und Teehaus Schnorr
Neue Kräme 28
60311 Frankfurt am Main

Hermetische Truhe
Barbara Dethleffsen
Kurfürstenstr. 45
80801 München

Ansonsten finden Sie Würzöle und Würzölmischungen im Fachhandel der Naturkostbranche oder in gut sortierten Gewürzgeschäften, z.B.:

Artemis
Gabriela Hildebrandt
Kurfürstenstr. 45
80801 München

Duft und Wärme
Olaf und Ingrid Reichard
Weinhofberg 10
89073 Ulm

Kräuterhaus
Helga Beyer
Fuhlsbüttlerstr. 456
22309 Hamburg

Primavera Life Shop
Im Fichtenholz 5, 87477 Sulzberg

Tee und Gewürzstube
Hussenstr. 43, 78462 Konstanz
Samowar
Theresienstr. 124,
80333 München

Erstklassige Speiseöle aus kontrolliert biologischem Anbau bietet

Fa. Rapunzel
87764 Legau

Biogarten
Postfach 1012
40710 Hilden

Nahrungsmittelhersteller die ätherische Öle verarbeiten

Barnhouse Naturprodukte GmbH
Schokolade mit ätherischen Ölen
Oskar-Mester-Str. 14
85737 Ismaning

Hier erhalten Sie Auskunft zur Aromaküche

Seminare zur Aromaküche:
Primavera Life
Maria M. Kettenring
Im Fichtenholz 5, 87477 Sulzberg

Forum Essenzia e. V.
Gemeinnütziger Verein für Förderung, Schutz und Verbreitung der Aromatherapie, Aromapflege und Aromakultur
Panoramastr. 17
87477 Sulzberg / Moosbach

Christine Hunger
Aromaküche in Verbindung mit Wildkräutern
Jurastr. 38
81677 München

Sehenswertes

Aromagarten in Erlangen
Prof. Knobloch
Palmsanlage über der Schwabach
Erlangen

Gewürzmuseum
Hot Spice
Herr Paap
Am Sandtorkai 32
20475 Hamburg

Rosenmuseum in Steinfurth
Sabine Kübler
Alte Schulstr. 1
61231 Bad Nauheim/Steinfurth

Klostergarten nach Wahlafrid Strabo
Insel Reichenau
Bodensee

Empfehlenswerte Literatur

Apicius, Marcus Gavius: De re coquinaria, Über die Kochkunst (unter Verwendung eines Mosaiks aus Karthago 2. Jh. n. Chr.), Philipp Reclam jun., Stuttgart 1991

Backhaus, Helmuth M.: Das Abendland im Kochtopf, Kulturgeschichte des Essens, Ehrenwirth Verlag, München 1978

Bingen, Hildegard von: Gesund und schmackhaft kochen mit der Hl. Hildegard von Bingen, Pattloch Verlag, Augsburg 1990

Braun-Bernhart, Ursula: Naturküche, Duft schmecken, Mein schöner Garten, Sonderheft 1993

Brillat, Savarin: Physiologie des Geschmacks oder Transcendentalgastronomische Betrachtungen von Brillat-Savarin, Philipp Reclam jun., Leipzig o. J.

Carpenter, Hugh: Feinschmecker-Menüs von der Pazifik-Küste, DuMont Verlag, Köln 1989

de Dijn, M. Rosine: Vom Mythos der kulinarischen Freuden, mit historischen Rezepten der heutigen Zeit angepaßt, Ceres Verlag, Bielefeld 1991

de Lestrieux, Elisabeth/de Belder, Jelena: Der Geschmack von Blumen und Blüten. Eine kulinarische Entdeckungsreise, DuMont Buchverlag, Köln 1993

Fischer, Reiner: Ich esse die Schönheit meiner Frau, in: Scharpf, Manfred (Hrsg.): Wechselwirkung, Selbstverlag, Leutkirch 1989

Fischer, Susanne: Medizin der Erde, Legenden, Mythen, Heilanwendungen und Betrachtung unserer Heilpflanzen, Heinrich Hugendubel Verlag, München 1984

Fischer-Rizzi, Susanne: Dufterlebnisse, Heinrich Hugendubel Verlag, München 1994

George, Herbert: Likörbereitung, Eugen Ulmer, Stuttgart 1964, Neuauflage 1989

Habersbrunner, Ferdinand: Aroma-Drinks, Joy Verlag,Sulzberg 1994

Hatt, Hans: Physiologie des Riechens und Schmeckens, in: Maelicke, Alfred (Hrsg.): Vom Reiz der Sinne, VCH Verlagsgesellschaft, Weinheim 1990, S. 93 - 125

Jellinek, Paul: Die psychologischen Grundlagen der Parfümerie, 4. stark erw. Auflage, Hüthig Verlag, Heidelberg 1994

Joyes, Claire/Naudin, Jean-Bernard: Zu Gast bei Claude Monet, der große Impressionist als Gourmet, Wilhelm Heyne Verlag, München 1989

Kettenring, Maria/Kettenring, Thomas: Neue Küche mit natürlichen Aromen, Joy Verlag, Isny 1987

Kettenring, Maria/Kettenring, Thomas: Paradies Aromaküche, phantasievoll kochen - mit feinen Essenzen aus Kräutern, Früchten und Gewürzen, Joy Verlag, Isny 1989

Koracovsky, Karol: Natürlich Naturküche, AT Verlag, Aarau Schweiz, 1991

Kreuter, Marie Luise: Nimm Rosen zum Dessert, Ariston Verlag, Genf 1976

Kübler, Sabine: Blatt für Blatt die Rose, Katalog des Rosenmuseums, Steinfurth 1992

Kybal, Jan: Usere Gewürze und Küchenkräuter, Lingen Verlag, Köln 1981

Lake, Max: Scents and Sensuality, the Essence of Exitement, John Murray Publishers Ltd., London 1989

Lambert-Oritz, Elisabeth (Hrsg.): Gewürze Kräuter & Essenzen, Büchergilde Gutenberg, Frankfurt/Main 1993

Marten, Ernah I.: Ernährung im neuen Zeitalter, Rubin-Verlag, Vaduz, 1992

Maury, Marguerit: Die Geheimnisse der Aromatherapie, Wohlgerüche für Gesundheit und Kraft, Vitalität, Jugend und Schönheit. Erfahrungen einer Pionierin des „Heilens mit Düften", Windpferd Verlagsgesellschaft mbH, Aitrang 1990

Mielke, Thomas R. P. (Hrsg.): Karl der Große. Mein Kräuterbüchlein, Franz Schneekluth Verlag, München 1992

Norman, Jill: Das große Buch der Gewürze, AT Verlag, Aarau/Schweiz 1991

Popp, Fritz-Albert: Die Botschaft der Nahrung, Fischer Taschenbuch Verlag, Frankfurt 1993

Schäfer-Schuchardt, Horst: Die Olive, DA Verlag Das Andere, Nürnberg 1993

Schmid, Reiner: Weizengrassaft, Verlag Ernährung und Gesundheit, München 1993

Stoffler, Hans-Dieter: Der Hortulus des Walahfrid Strabo. Aus dem Kräutergarten des Klosters Reichenau, Jan Thorbecke Verlag, Sigmaringen 1985

Temelie, Barbara: Ernährung nach den Fünf Elementen. Wie Sie mit Freude und Genuß Ihre Gesundheit Liebes- und Lebenskraft stärken, Joy Verlag, Sulzberg 1992

Temelie, Barbara/Trebuth, Beatrice: Das Fünf-Elemente- Kochbuch. Die praktische Umsetzung der chinesischen Ernährungslehre für die westliche Küche, Joy Verlag, Sulzberg 1993

Wabner, Dietrich: Duft des Herzens - Rosenöl, Schriftenreihe Rosenmuseum Steinfurth, 1993

Werner, Monika: Ätherische Öle, Gräfe und Unzer Verlag, München 1993

Wollner, Fred: Duftführer, Wollner Verlag

Worwood, Valerie: Liebesdüfte, die Sinnlichkeit ätherischer Öle, Pawlak Verlag, Herrsching 1991

Verzeichnis der Rezepte

Würzöle, Würzölmischungen, aromatisierte Sojasaucen, Salze, Honige und Sirupe

Rezepte

Danksagung

Die dritte, neu überarbeitete Auflage ist Ergebnis langjähriger Erfahrungen und so mancher Fragen und Anregungen von engagierten Köchen, Seminarteilnehmern, Freunden und Lesern. Sie trugen zur Verbesserung des vorliegenden Aromakochbuches bei. Dafür möchte ich mich bei Ihnen recht herzlich bedanken. Mein besonderer Dank gilt Norbert Gillmayr, ohne ihn hätte sich vieles nicht realisieren lassen; sowie Thomas, mit dem die spannende Aromareise begann; und Andrea Vath für Ihre Lektoratsarbeit. Mein Freund Roland war mir eine große Stütze voller Humor.

Ferdinand Habersbrunner

Aroma-Drinks

Köstlich aromatisierte Mix-Getränke mit ätherischen Ölen für jede Gelegenheit – mit und ohne Alkohol

DM 19,80 SFr 19,80 ÖS 154,40
80 Seiten, Broschur, ISBN 3-928554-07-7

Ein Handbuch zur Herstellung alkoholfreier und alkolhohaltiger Mix-Getränke mit ätherischen Ölen – für warme Tage, heiße Nächte, kalte Füße und ....den Kindergeburtstag.